アトリエからはじまる

「探究」

日本における

レッジョ・インスパイアの乳幼児教育

監修：東京大学大学院教育学研究科附属発達保育実践政策学センター

編著：浅井幸子・津田純佳・渋谷区立渋谷保育園

中央法規

はじめに

　本書は、0歳から6歳の子どもたちとの探究を深めたいと考える保育者の方々に向けて作成しました。

　本書の基盤になっているのは、渋谷区立渋谷保育園の子どもたちと先生たちが行った探究の経験です。渋谷保育園は2021年度から、レッジョ・エミリア市のアトリエリスタの津田純佳さんとともに、アトリエでの探究に取り組んできました[1]。2021年度には、津田さんと5歳児クラスの子どもたちが光の探究を行いました。2022年度には、0歳児から5歳児まで、園全体で光の探究に取り組みました。私たちは、その探究のプロセスで子どもたちが見せる知性的な表情、お互いや生き物やモノへの思いやりに満ちた関わり、繊細だったり大胆だったりするアイデアに魅了されました。そして、子どもとその探究の魅力を伝えるために、冊子を作成し、渋谷区内外の展覧会で報告しました。

　展覧会の時に、他園の先生から言われたことがあります。とても素敵だと思うし、自分も子どもと取り組んでみたいけれど、どうしたらいいかわからない…。確かに、私たちの冊子や展示は、子どもと先生が探究を通して創り出した世界を、そのプロセスとともに伝えようとするものです。先生たちの役割、たとえば事前の問いや環境のデザイン、活動の中での対話や記録、活動の後の振り返りをどのように行ったかということについては、多くを語っていませんし、見えづらいと思います。

　そこで私たちは、本書をつくることで、探究に取り組んでみたいという声に少しでも応えたいと考えました。アトリエでの探究には、決められたプログラムや方法があるわけではありません。その柔軟で生成的なやり方は、あらかじめ行き先の定められたプログラムに対して、プロジェクト（イタリア語ではprogettazione）と呼ばれています。しかし、共有されるアイデアや価値、それに基づく活動のデザインのゆるやかな原則は存在しています。レッジョ・エミリアの幼児教育を主導したローリス・マラグッツィは、自分たちは教育の計画やカリキュラムをもっていないが、類い稀な即興の技量に頼っているわけでもない、と言いました。子どもたちとともに働くことは、「3分の1の確実性」および「3分の2の不確実性および新しさ」とともに働くことである、と（エドワーズ・ガンディーニ・フォアマン 2001）。

[1] この取り組みは、東京大学大学院教育学研究科附属発達保育実践政策学センター（CEDEP）と渋谷区・渋谷保育園の連携協定による研究事業に基づいて行われました。

私たちは、渋谷保育園での経験から、日本の保育の文脈において、子どもたちと先生たちの探究を支えるために何が必要かということを考えました。本書が「３分の１の確実性」のいくぶんかを提供し、子どもたちと先生たちの探究の取り組みの一助となることを願っています。

探究について

　幼い子どもたちが探究するとは、どういうことでしょうか。子どもたちは「なぜ」「どうして」「どのようにして」とたえず問います。その世界への問いかけに、答えを与えるのではなく、子どもたちと大人たちが一緒に問いを深め、知識を共同で構築するプロセスが探究です。レッジョ・エミリアの幼児教育では、探究は、「個人が世界と出会うための、そして、世界のなかで自分なりの表現や構成を形づくりながら、自己と出会うための主要な方法」として捉えられています (佐藤・ワタリウム美術館 2011)。子どもたちも大人たちも、みな探究者です。

　探究の教育のアイデアは、哲学者・教育学者のジョン・デューイの思想に遡ることができます。デューイは、単に仕事に熟達したり知識を蓄積したりすることは奴隷の教育であって、自由な市民の教育は自律的な思考と探究の教育でなければならないと言いました (デューイ 1975)。探究の教育は、一人ひとりの子どもが、今ここで、また将来にわたって、自分の人生の主人公となることを目指すものです。

豊かな子ども

　探究において最も大切なことは何でしょうか。それは、子どもの見方を、「豊かな子ども」という見方へと転換することです。幼い子どもは、未熟で弱く、保護され教えられるべき存在として捉えられてきました。人間の乳幼児が、身体的にも社会的にもヴァルネラブルな（傷つきやすい）存在であることは事実です。しかし探究では、子どもを「豊かな子ども」として捉えることが大切になります。

　「豊かな子ども」という言葉が意味しているのは、すべての子どもは生まれた時から学ぶ力をもっており、すでにつねに自ら世界の意味を構成しているということです。それは、リナルディの言葉を借りれば、「有能な存在として眼差してくれる大人がいる子ども」(リナルディ 2019) でもあります。探究は、子どもを知性的に信頼すること、大人が尊重と謙虚さをもって子どもに耳を傾けるところから出発します。

　「豊かな子ども」というアイデアを現実のものとするためには、子どもを孤立した存在

ではなく、社会的な関係の中で捉える必要があります。子どもは他の子どもや大人とつながっていることによって、豊かな存在となります。渋谷保育園では、3、4人（活動によっては5、6人）の小グループで行う探究を大切にしました。子どもは小グループの関係性の中で探究することができます。また先生は、子どもたち一人ひとりの言葉や表現に、じっくりと耳を傾けることができます。

アトリエについて

では、アトリエとは何でしょうか。それは探究において、どのような意味をもつのでしょうか。

レッジョ・エミリアの幼児教育において、アトリエは、第一義的には物理的な部屋です。アトリエリスタのヴェッキによれば、それは、子どもたちが数人の小グループで活動することができる大きさです。そこにはテーブル、棚、コンピューター、プリンター、デジタルカメラ、イーゼル、粘土板、陶芸用オーブン、テープレコーダー、顕微鏡などの道具が揃えられています。また、さまざまな色の絵具、陶芸用の粘土、さまざまな太さの針金、リサイクル素材なども備えられています。これらの道具と素材によって、子どもたちの思考は、ビジュアル、音楽、身体、言語などさまざまなかたちをとることができます（Vecchi 2010）。

「アトリエ」という名称や、上記のような道具と素材は、レッジョ・エミリアの教育がいわゆる芸術教育であるかのような印象を与えるかもしれません。しかし、レッジョ・エミリアのアトリエは芸術作品をつくる場所ではなく、さまざまなアートの言葉を用いて探究・研究を行う場所です。アトリエ（atelier）という言葉はもともとフランス語で、イタリア語や英語で用いられる場合は借用語になります。フランス語のアトリエには、芸術家の仕事場という意味と、作業場や手仕事の工場という意味があります。ヴェッキ

の著書では、"atelier" の言い換えとして、"an arts workshop in a school" という表現が選ばれています。すなわち、作業場を表す "workshop" に "art" が付されています。

　実際に、子どもたちはアトリエで、芸術作品を制作することを目的として活動するわけではありません。世界を探究するために、数人でさまざまな取り組みを行い、その取り組みに美的な表現が用いられています。この美的な側面は、探究を表面的に飾るためにあるのではなく、子どもと大人の共同的な知識構築においては不可欠な要素です。マラグッツィによれば、アトリエは子どもの手が活発に「ふざけまわる」空間です。それは破壊的であると同時に、複雑さと新しい思考の道具を生み出します（エドワーズ・ガンディーニ・フォアマン 2001）。

　なお本書では、日本の文脈をふまえ、探究のための専用の部屋というよりも、探究のために美的な要素を含むかたちでデザインされた空間としてアトリエを捉えたいと思います。実際に、渋谷保育園の「アトリエ」は、お昼ご飯を食べたり、延長保育を行ったり、子どもの受け渡し時に保護者が待機したりと、さまざまな用途に用いられているフリースペースです。各クラスの一角に、道具と素材を備えた「ミニアトリエ」を設定して活動を行うこともあります。特別な部屋を準備することは困難でも、先生たちが子どもたちと探究したいと願い、少人数の子どもが活動できる環境をデザインすれば、そこからアトリエがはじまります。

浅井 幸子

参考文献
エドワーズ , C., ガンディーニ , L., フォアマン , G. 編、佐藤学・森眞理・塚田美紀訳『子どもたちの 100 の言葉：レッジョ・エミリアの幼児教育』世織書房、2001 年
佐藤学監、ワタリウム美術館企画編『驚くべき学びの世界：レッジョ・エミリアの幼児教育』ACCESS、2011 年
デューイ , ジョン、松野安男訳『民主主義と教育（上）』岩波書店、1975 年
リナルディ , カルラ、里見実訳『レッジョ・エミリアと対話しながら：知の紡ぎ手たちの町と学校』ミネルヴァ書房、2019 年
Vecchi, V. 2010, Art and Creativity in Reggio Emilia, Routledge.

目 次

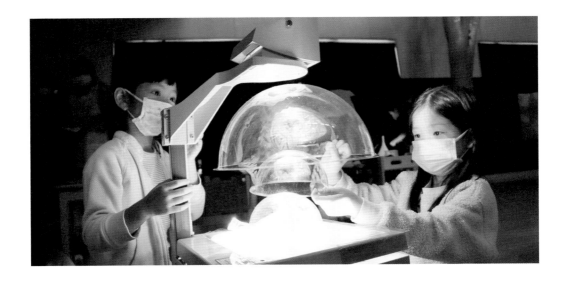

序　章

アトリエについて

渋谷保育園のアトリエ

　渋谷区立渋谷保育園は創立 73 年を機に改修を行い、オープンスペースのアトリエを設けました。私はレッジョ・エミリア市でのアトリエリスタの経験から、新しくできたアトリエで子どもたちと活動する機会をいただきました。園を初めて訪ねた時のことを今でもよく覚えています。木の温もりを感じるあたたかなエントランスや教室、広々としたテラス、芝生が生え揃って緩やかな坂のある園庭、天井窓から光が差す明るい廊下、２階にはアトリエがあります。

　当初、アトリエには空き箱を使う製作遊び用に集められた箱やさまざまな容れ物が置かれ、子どもたちがつくったものや製作途中のものがそれぞれの作品箱に収められていました。色とりどりの折り紙が入ったケースもあり、子どもたちはよく折り紙をしていたようです。天井には、子どもたちが描いた夏祭りの絵が飾られ、アトリエは何かをつくる場所として機能していることがわかりました。

　子どもたちがアトリエで何をしているのかはすぐにイメージできましたが、どのような子どもたちが何に興味をもっていて、どのようなことに思いをめぐらせているのか、アトリエを見ただけではわかりませんでした。アトリエは作品をつくるだけではなく、自分の考えを具体的に試し、友だちとアイデアを交わし、たくさんの間違いや失敗ができる創造的な実験の場所です。渋谷保育園のアトリエも、子どもたちが何かに疑問をもったり、不思議な現象と出会って驚いたり、自分と友だちの考えを議論し、それを試すことができるような好奇心に溢れた場所であってほしいと思いました。

知を視覚化する場所

　レッジョ・エミリア市の幼児教育哲学では「子どもたちは研究者」と言います[1]。幼児学校や保育所は子どもたちの研究を支える場であり、アトリエはその大切な研究場所の一つです。０歳から６歳までのすべての子どもたちが教室とは別にアトリエで活動することが保証され、「研究者」が満足のいくまで研究できるような環境を提供しています。

1)「子どもたちは研究者」"I bambini sono ricercatori." として捉え、幼児学校や保育所は子どもたちの研究の場として環境を整えています。"ricercatori" は、「研究者」と「探究者」のどちらの意味もあります。

　環境を整えるためには、子どもたちの学びの方法を知ることと、子どもたちの学びの方法に応える能力を開発することが大切です。

　子どもたちは、身体をとおして世界を知ろうとします。たくさんの仮説と実証、失敗によって知識を得ていきます。さらに、自分以外のさまざまな視点や考えと出会い、比較しながら理論をつくります。アトリエは実際に体験しながら思考し、五感や気持ちの動き、人やモノ、素材との関係を通して自ら知識を構築する能動的な場所です。

　アトリエには、アトリエリスタという芸術分野を背景とした先生が一人常駐し、美的側面や感受性、表現から子どもたちの学びを支えます。美術や音楽の技術を教えたり、すでにある知識を子どもたちに教えるのではありません。芸術はものの考え方であり、今はない新しい考え方を自ら生み出すことができるように、子どもたちの好奇心や感情、思考、理論、行動、関係性から学びをサポートします。

　子どもたちはアトリエで、気持ちや感情、言語によって自分を表現し、さまざまな素材や道具を使ってそれぞれの思考や理論を具体化します。自分と友だち、先生の考えや

表現の違いを知り、異なる意見から新たな考えや方法を生み出す、その学びの過程を丁寧に目に見えるようにしながら子どもの成長を支えます。アトリエは子どもたちの知を視覚化する場所です。

アトリエをしよう！

　レッジョ・エミリア市の幼児学校では、アトリエで行う活動そのものもアトリエと呼んでいます。「今日はアトリエをしよう！」と、先生と子どもたちとの会話でアトリエという言葉がよく出てくるほど、とても身近です。また、子どもたちにとって特別でもあります。子どもたちは、アトリエに行くといつもと少し違うモノや出来事、考えに出会えることを知っているからです。言葉にならない自分の気持ちや考えを素材や道具を使って表現し、驚きに出会って心が動き、さまざまな疑問や不思議に友だちと一緒に向き合い解決を試み、また新たな疑問を見つける……アトリエはまるで冒険のようです。そこには必ず楽しさがあります。知的好奇心が満たされる嬉しさを感じることができます。

　レッジョ・エミリア市の幼児学校でアトリエをしていた時、子どもたちは自ら探究的な思考を望んでいると感じました。子どもたちは自分の考えを自由に発言することや自分の言葉が友だちや先生に受け止められること、答えのない問いに向かうドキドキ感、予測しなかったことが起こる興奮、そのすべてを実感したいと思っています。

　渋谷保育園でアトリエを行った時、最初、数人の子どもたちは戸惑っていたように思います。自分の思いを口にしていいのだろうか、何か作品をつくらなくていいのだろうかと、子どもたちの不安を感じることがありました。しかし、アトリエを繰り返すことで、たくさんの発見や嬉しさ、不思議さ、疑問を、言葉や気持ち、表現で教えてくれるようになりました。アトリエは、作品をつくることや技術の習得だけを目的とした場所や活動ではありません。子どもたちも先生も予測できない出会いを喜び、心と身体をとおして思考し、冒険することそのものがアトリエです。

美しさと好奇心

　アトリエはいつも美しくあってほしいと思います。美しさと好奇心はとても密接な関係にあるからです。レッジョ・エミリア市の幼児教育では、美的側面や美しさは教育に必要な要素として、子どもたちが学ぶ場所である学校は美しさに配慮されています[2]。学校全体が、まるでアトリエのようにワクワクする好奇心で満たされています。

　「美しさの反対は汚いでしょうか？」これはレッジョ・エミリア市の教育学者[3]がよく

投げかける質問です。美しさや美的感覚の反対は、無感覚、無関心、無反応です[4]。無機質で無表情な環境で、子どもたちの好奇心は高まるでしょうか。子どもたちが五感を研ぎ澄ませ、あらゆるモノへの興味を掻き立てながら世界を知るために、多彩な感覚、多様な好奇心に溢れた環境や活動のために、子どもたちに美しさが必要であることがわかります。小さな子どもたちもたくさんの考えをもっています。子どもたちの無限の可能性を引き出し、好奇心溢れる場で自ら知識を構築できるように、美しさに配慮した場所が増えていくことを望みます。

　建物や家具、素材や道具など、目に見える美しさも大切ですが、目に見えない美しさにも意識を向けることが重要です。活動の仕方や言葉、そして関係性の美しさです。素材同士の組み合わせによる関係や、素材と自分との対話によって生まれる気持ちや考え、子どもたち同士のディスカッション、先生と子どもたち、保護者と園、地域と園のより良い関係など、さまざまな関係性が子どもたちの学びをより豊かにする可能性をもっています。

　本書をとおして、渋谷保育園のアトリエではじまった小さな冒険が一人でも多くの方に届き、自分と世界との関係性をより豊かにつくる一助になると嬉しいです。子どもも大人も、自分と自分の外側の世界との関係をより楽しくつくれますように。

津田　純佳

2）　レッジョ・エミリア市の幼児教育では、美しさは知識の構築に必要な条件として捉えています。"Estetica' è una parola difficile e ostica che difficilmente si trova nel vocabolario pedagogico e che va invece ricompresa nello stile con cui procede l'atto del conoscere e del capire." Loris Malaguzzi 「"美しさ"は難しく取っつきにくい言葉です。ほとんど教育用語として使われません。しかし、知識や理解を得る行動過程の一環として含まれています。」（ローリス・マラグッツィ）

3）　幼児学校と保育所を管轄するレッジョ・エミリア市立乳幼児機関では、教育学者（Pedagogista）が幼児学校と保育所の運営やプロジェクトなどについて教育的視点から携わっています。

4）　美しさや美的感覚、美意識、美学などの意味を持つ "estetica" の反対の意味として紹介しています。

第1章

アトリエがはじまる

光の探究

1-1　アトリエがはじまる

　「光の探究」は、光を素材として子どもたちとさまざまな発見をしながら学びを深める教育プロジェクトです。渋谷保育園の探究を、実際の過程に沿って振り返ってみたいと思います。子どもたちの眼差しや言葉、思考のプロセスをたどります。

探究の概要

　渋谷保育園のアトリエを舞台に、5歳の子どもたち27人と担任の先生2人、アトリエリスタ1人によって、「光の探究」が行われました。環境づくりや記録、活動の振り返りは、園長や副園長、Cedepの研究者など、多くの方が加わりました。

　探究はのべ23日間にわたって行われました。子どもたちは4、5人の少人数グループになり、そこに担任の先生1人とアトリエリスタ1人が加わり、子どもたちの考えや言葉を大切にしながら、丁寧に活動を進めました。1日に2グループ活動することもあれば、1グループだけの日もありました。また、8日目の「発見の共有」は子どもたち全員でディスカッションし、21日目の立体構成④「それぞれの"きれい"な世界」は1グループ10人前後で活動しました。

　探究活動を行った日の午後には、担任の先生やアトリエリスタ、園長、副園長、記録者（CEDEPの研究者）が集まり、その日のドキュメンテーションをもとに、子どもたちの探究の様子や互いに気がついたことを共有する振り返りの会を行いました。

　探究が終わってからも子どもたちの光への好奇心は留まることなく、劇発表に光を取り入れたり、光の探究を描いてみたり、アトリエだけではなく、クラス内でも探究を続けていました。さらに、保護者と一緒に探究を再体験する「おやこひかりラボ」(94頁)や、渋谷区立保育園の先生向けの「展覧会」(98頁)など、渋谷保育園ではじまった光の探究を外へ発信する活動も行いました。

渋谷保育園の探究プロセス
　1日目：光との出会い　「光ってなんだろう？」
　5日目：光と影　「光と時間と物語」
　8日目：発見の共有
　9日目：立体構成①　「時間の色の物語」
　13日目：立体構成②　「まるいかたちと光」
　18日目：立体構成③　「かたちの創造」
　21日目：立体構成④　「それぞれの"きれい"な世界」
　番外編：劇発表
　番外編：光の探究の絵

1-2　光の探究

　この教育プロジェクトは、子どもたちの思考や言葉、表現を解釈しながら、子どもたちの学びのプロセスを目に見えるようにする試みです。学びのプロセスを追体験できるように、多くの写真と子どもたちの言葉で構成しています。探究を行う中で気がついたことや大切なポイントとなる考え方について、アトリエリスタの観点からコラムを書いています。

1.光ってなんだろう？

2.光と時間と物語

3.まるいかたちと光

4.それぞれの"きれい"な世界

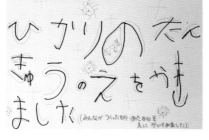

5.探究はつづく

1. 光ってなんだろう？

「めのなかにひかりがあるよ。キラキラしてる。見ているものがめだまにうつるから。めはかがみみたい。ぜんぶがうつってる。でんきを見ると、めにうつる。人も、見ているものぜんぶがうつる」

　光という素材、光という道具でどのような学びの可能性を子どもたちと一緒に見つけることができるでしょう。光はモノとの関係性によって、反射、透過、屈折などの現象を見せてくれます。さまざまなモノや素材、環境を通して、それらの関係性を見つけながら、もっと知りたいという好奇心が掻き立てられたり、不思議や疑問を感じて仮説を立てて実験したり、または、他のモノへと想像をふくらませて新たな世界を創造したりと、光はさまざまな可能性を提供してくれる素材の一つです。
　子どもたちの日常にはどのような光が登場しているのか、光をどのように捉えているのか、子どもたちの考えを知ることからプロジェクトを始めました。「光ってなんだろう？」という問いの答えには子どもたちの経験や記憶、心の動きによる言葉があふれています。

【光についての子どもたちの考え】

　子どもたちがもっている光のイメージ
「たいよう」「でんき」「カミナリ」「心がおどる」「流れぼし」「銀メダル金メダル」「でんわ」「避難マーク」「ライト」「マンションのでんき」「公園のでんき」「イケアの光」「こころ」「とけいのライト」「カメラ」「おなかが光る。おなかが光るから。（お母さんが妊娠中にエコー検査をしていた時のこと）」「まるい。まぶしくておひさまみたい」「調整できる。近くで見ると目が悪くなる」「保育園には天井にちがうシリーズのまるいのがある。全部まるい」「電車には光がある。だって、暗いから！いつも光ってる。顔についてる」

外にある光について
「太陽」「お月様」「夜は月と星」「満月のときは朝も夜も月が見える」「暗い外にはでんきがある」「おばけの時間はまっくらくら」「外に光がある。太陽があるから。山のうしろにいて、夕方になる」「宇宙。太陽と月が近くなったら・・」「くもも太陽も照らしてる」「金色カブトムシ。クワガタ」「にじ」「かげも光る」

光との出会い

　子どもたちは自然光や人工の光、反射する光など、さまざまな光と一緒に生活しています。その中でも、光源は私たちの興味をひきます。

　そこで、最初に OHP（Overhead Projector）をアトリエに用意し、「光の探究コーナー」を仮設的につくりました。OHP は光源でもあり、モノの像を反転し、床にも壁にも天井にも映すことができます。大きな魅力は何度でも試して、すぐに映すことができる点です。次に、大きな布や紙、透明素材などを吊るして光線を受け止めるための幕としました。布は大きな空間を仕切ることもできます。さらに、光とモノとの関係性を探るために、子どもたちにとって身近な物の中から主に 4 種類の素材を準備しました。光を透過する素材、半分透過する素材、全く透過しない素材、反射する素材の 4 つです。ここから子どもたちと大人の光の探究がはじまります。

「すきまがひかってる」

「はじめてのおーえいちぴー」

光ときいろ

「光の色はきいろ。きいろが光って
　るから」
「これは薄いからきいろになった！」
「黄色い紙は黄色になるんじゃない
　の？」
「とうめいの黄色じゃない？」

　光は子どもたちにさまざまな疑問を投げかけます。光の色を「黄色」と仮定した子ど
もたちは、さまざまな黄色い素材をOHPに置いてみます。折り紙、カラーセロハン、
薄紙、ビー玉、「なぜ、黄色になるのか？ならないのか？」自分たちの方法で仮説を試
します。

「光が見えないけど、だって紙だから！」

「これは全部見える。黄色になる！」（セロハン）

　「ぼんやり見える！全部は見えないけど、見える」

「かみなり！！」

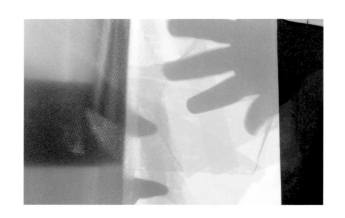

かたちと構成

　　光の世界は子どもたちを魅了します。素材と光の対話を何度も試し、平面と立体、空間を構成します。

　　子どもたちは透明な素材や紙、レースなどを注意深く OHP の上に配置し、重ねる順番や配置を繰り返し試します。積み重ねたり、平らに置いたり、小さな規則を決めて並べたり。子どもたちが自分で素材を選び、配置を決めて、"デザインすること"は、自分の人生を自分でデザインすることへの第一歩です。

「デザインしよう！」

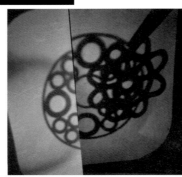

　　紙の筒は中が空洞です。筒を OHP に置くと、スクリーンの布に丸い形が現れました。光と筒とレンズの関係性に興味をもった子どもたちは、さらに筒の配置を変えたり色を加えたり、頑なに構成を続けます。子どもたちは長時間、注意深くいる、見る、聴く能力をもっています。そこに、静けさと落ち着き、心が動く感情があれば。

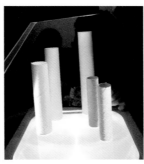

光の色

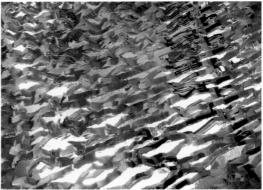

　色とりどりのカラーセロハンやビー玉、レースが真っ白の大きな紙に映し出され、子どもたちはその中に飛び込んでいきました。光は空間を大きく変える特徴をもっています。そして、嬉しさ、悲しさ、怒り、楽しさなどの感情とコミュニケーションをとることができます。ワクワクする気持ちや感情は探究の土台です。自分たちの身体も探究のための大切な要素です。

「からふるかわいい！」

「からふるないろをつくってうつしたよ」
「ようふくがからふるになったよ」
「青とかピンクとか、パーティーみたい！」
「もじゃもじゃしてる！」
「ネコがひっかいた！足あと？」

光の中

身体が包まれるくらいの大きな布や紙に映る光は、子どもたちを中へ中へと誘います。
環境と興奮と不思議さの対話の中に。

「なかに入るとそのせかいみたい」

発見の共有

　初めての素材や OHP を一緒に試しながら、子どもたちはそれぞれの発見や問いを共有する探究のチームになっていきました。

　子どもたちは OHP の天板に素材を置くだけではなく、光の向かう先にも素材を掲げてみます。問いと実験を繰り返し、そして新たな問いを見つけます。

「ここにおいたら、あっちに映る。
　　きれいなひかりがでたよ！」
　　　「ダークグリーンになった！」

「プチプチをまえにおいてみる？」
　　「しずのちゃんがいない！」
　　　「カラフルになる。どうして・・」

「ターニングポイント」

　子どもたちがアトリエで行う探究活動に慣れてきた頃、ある男の子が大きな和紙の前に立ち、「ぼくが絵になった！」と他の友だちに呼びかける場面がありました。普段、その和紙はOHPからの光を受け止める幕として使われ、子どもたちは和紙に映る色とりどりの像や影を見ながら活動していました。彼が「白い幕」を「絵」に転換して捉えていたことに、私は驚きました。その場にいた子どもたちも、「本当だ、私も！」と彼のアイデアに同意していたので、そこで初めて、子どもたちは光や影をまるで絵のような存在として感じ取っていることを知りました。これは、プロジェクトの要に触れた出来事でした。

　振り返りの時間に、子どもたちにとって絵はどのような存在なのか、担任の先生たちと話し合い、飾るもの、眺めるもの、美しいものとして認識しているのではないかと考えました。「光の探究」を通して、子どもたちの美しさを感知するアンテナが伸びているのではないか、つまり、美しさに対して意識的に向き合い始めているのではないかと考えられます。その後も、子どもたちから「きれいにしたい」「かわいくしたい」という言葉を聞くことができたり、探究以外の時間にも光や影の美しさを発見して伝えるということが日常の中に出てきました。この時を境に、「美しさ」を軸にして子どもたちとさらに考えを深めるためにプロジェクトが進んでいきました。

　また、この時の子どもの言葉に改めて注目すると、「ぼくが絵になった」はメタファー（比喩）による言語表現であることがわかります。美しい光の世界と自分を結びつけ、美しさという概念を「絵」という言葉で表すことによって、視覚的なコミュニケーションを可能にしています。私たちは、このような子どもたちのメタファーによる表現にもっと注意を払う必要がありそうです。

2. 光と時間と物語

光と影

「ほんとうに夕方みたい」

　子どもたちは光とモノとの対話から、素材の特徴や違いを見つけたり、光源の位置と像の大きさの関係性を試したり、光を通して混色したり、光の現象だけではなくさまざまな素材の特徴や色の美しさも同時に発見しました。光は空間を大きく変化させ、子どもたちの感情にも働きかけます。喜びや楽しさ、驚きとともに光を全身で捉えました。

　さらに探究を進める中で、光の色から「時間」を見つけた子どもがクラス全員とその発見を共有しました。発見を共有することで、一人の経験が全員の経験へと広がります。

　そしてここからは、光のもう一つの大切な作用である影にも注目します。光と影の密接な関係は子どもたちを魅了し、その織り成す世界は子どもたちをさらに光の中へと誘います。

「ひかりが向く方にかげがある！」
「かげの位置がかわった・・」
「こっちの方がかげの色が濃い。これはうすい。近くにあったら濃くなる！」

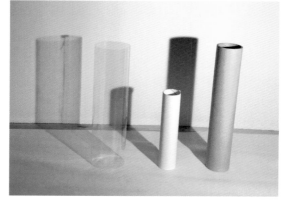

　光とモノとのさまざまな関係性（色、距離、形、空間、気持ち‥）を見つけた子どもたちとさらに光の探究を深めます。「光と影」の研究を行うためにライトを用意しました。

　「光と影」は密接な関係です。子どもたちそれぞれの知り方で、この2つを探っていきます。準備したのは卓上ライト3つ、OHP、布・紙のスクリーン、透明素材、ビー玉、レース、紙、ボール紙、カラーセロハンなどです。

「環境づくりの試行錯誤」

　「光の探究」は、活動のねらいに合わせて毎回環境設定を行っています。最初の「光との出会い」はOHP[1]を使って、光と自分の身体との出会いや素材と光の関係性を実験しながら感じることがねらいでした。次の「光と影」では、3つの光源としてライトを用意しました。それは、光の実験に「構成」の要素を加えたかったからです。一見すると影と像は似ているように思うかもしれませんが、影はライトや太陽などの光でモノが照らされることによって現れ、影の色は素材の透過性によって異なります。

　「光と影」の実験のために光源を手で自由に動かすことができるような卓上ライトを用意したので、光の方向性を自分の思うように動かすことができます。天井、床、壁など、あらゆる方向を照らすことができ、子どもたちは空間や立体を意識しながら光とモノ、自分との関係性を試すことができると考えました。光を使った空間構成や立体構成です。そして、立体構成のための素材を少しずつ増やしました。最初は平面素材を使っていましたが、立体構成のために、積み木や筒などを重ねられるモノが必要です。素材を提案し、集めるためには、日頃から素材探しを意識することが役に立ちます。梱包材や箱などは園や家でも手に入れられますが、時々100円ショップや文房具店をのぞいて、子どもたちに提供できる魅力的な素材がないか探しています。

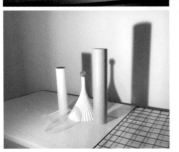

　子どもたちは、最初の「光との出会い」で用意したビー玉に強い関心をもっていました。回転するモノ、美しいモノ、球体という側面から、宇宙や天体を連想する子どもたちが多かったので、次の提案として大きなボールを用意しましたが、そのボールには子どもたちの関心はそれほど高くありませんでした。色が不透明のオレンジ色だったからでしょうか。その後、透明や反射素材の球体を提案すると、子どもたちからたく

1) オーバー・ヘッド・プロジェクタの略。現代のデジタル・プロジェクタの元祖。天板の上に載せたモノの像がスクリーンや壁に投影される。

さんの疑問や発見が生まれました。やはり、美しさは子どもたち
の知的好奇心に直接働きかけるようです。

　肝心の環境づくりについては、机やライトの配置がなかなか定
まりませんでした。3回目にしてようやく、子どもたちが実験しや
すい配置に落ち着いたという印象があります。最初は布を天井か
ら垂らし、その前に机と3つのライトを置きましたが、OHPも近
くにあったので、すべてがごちゃごちゃしていて過ごしにくい様
子でした。

　2回目は机を除いて床面に白い布を敷いて、ゆとりをもって床で
のびのび活動できるようにしました。シンプルで良かったのです
が、ライトの首部分が高く高さが足りないため、床にライトを当
てるか天井に向けるかという2択になり、子どもたちの探究が少
し単調気味になってしまいました。

　3回目のように白い床面に白い机を用いて使うと、影がキレイに
出るので配置としては一番良かったと思います。人工の光を使う
と延長コードをどのように配線するかという問題が出てくるので
すが、それを改善すると、探究活動の空間として実験しやすく、
美しく、さまざまなものと光の関係性を実験しやすい環境になり
ます。

天体

「月と太陽と地球と・・」

　「ビー玉」の魅力的な形や素材から、月や太陽、地球について語り出す子どもたち。「球体」には人を魅きつける何かが潜んでいると大人たちは考えました。「球体」は完全な形であり、また、不安定さと美しさをもっています。光と球体の不思議な関係を探ります。

　２つのビー玉と丸い輪をOHPにのせ、網の目を地球の緯度や経度と仮定して、その位置関係から季節を語ります。光と球体が子どもたちを宇宙空間へと誘うのでしょうか。むしろ、天体はいつも子どもたちの身近に存在しているのかもしれません。

　「南半球は夏だから・・こうしたら冬になって、月と地球がこの位置にくると・・」

時間の色

「こうしたら、夕方の色。
朝と夜もつくった！」

　「光と影」の探究の中、ライトの光源を上へ下へとくるくる方向を変えていた一人の子どもが棚の中に"夕方の色"をつくりました。一緒にいた子どもたちも夢中になって、"朝の色"や陽がのぼるところから落ちるところまでの太陽の動きを表現しました。「時間の色」をつくる子どもたちはまるで地球や太陽を操っているかのようです。

「夕方をつくってる。透明の黄
　色と赤でオレンジになった」
「ほんとうに夕方みたい」
「朝５時の色。さかなつりに行
　く時」

「クラス全員で共有する振り返り」

　アトリエで行う探究活動は4、5人という少人数ずつで行いましたが、それぞれの気づきや発見をクラスの仲間と一緒に共有するための振り返りの会を定期的に行いました。自分一人の発見を他の人と共有し、他の意見を聞くことでさまざまな視点を知り、クラス全体の学びへと深めていくことが目的です。

　視覚に強く働きかける「光」という素材を使っているので、具体的に写真を使って共有するとその場にいなくてもイメージを共有することができ、他の子どもたちの追体験につながります。そして、全員の発見や様子を共有できるように各グループの写真を4枚ずつ選び、プロジェクタで投影しながら子どもたちと対話をしました。教室にスクリーンを用意し、子どもたちと先生が大きな円をつくるように座る配置は、互いの意見を聞き合い、顔が見える関係、全員が平等になるかたちです。

夕方や朝は何色？
　「時間の色」について、クラス全員で考えました。子どもたちは自分が知っている朝や夜、また、想像の世界の色を教えてくれます。子どもたちそれぞれが考える「時間の色」に正解はありません。あるのは、子どもたちが考える無数の時間と無数の色です。

【時間の色についての子どもたちの考え】
　朝の色：「水色」「うすい色」「黄色」「白。雲の色だから」
　夜の色：「黒」「紺」「緑っぽい」「夜は暗い」「お月様も見えた」「夜の星みたい」

「ギャラリーをつくる」

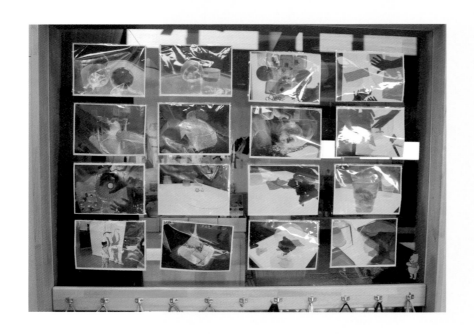

　探究活動をはじめて3、4週間ほど経った頃、クラスの廊下をギャラリーに見立てて「光の探究」の写真を貼りました。写真は担任の先生が美しいと感じた探究の場面や印象的な光や影、像から選びました。この試みは、先生の視点が子どもたちに伝わるきっかけになったと思います。子どもたちがつくった完成された作品を飾るのではなく、実験したり、試したりするプロセスの中から場面を選んだことで、その試行錯誤のプロセスが美しさとともに伝わっていました。

　子どもたちは探究中の出来事をよく覚えていて、自分が試した場面はもちろんのこと、他の人の発見や実験もまるで自分のことのように写真の前で語って教えてくれました。また、先生と子どもたちの美しさの価値観を互いに知り合い、交換し合うことのできる場になっていたので、自分が発見した美しさと他の人の美しさの視点を学び合い、追体験する助けになっていたと思います。他のクラスの先生や保護者にとっても、価値観の交換、美しさの交流が可能となる非常に大切な空間になっていました。

「探究の目的」

　活動をはじめて3週間ほど経った頃、担任の先生から探究についての本質的な質問を受けました。「子どもたちが何をしているのかわからない。活動の目的は何か？」と、探究活動の目的、プロジェクトの意味はどこにあるのかという問いでした。

　事前に探究活動のねらいを設定して環境づくりを行うので、学びのねらいはもちろんありますが、探究のプロセスそのものを重視しているので、わかりやすい結果や目に見える成果を目標とする活動ではありません。実は、子どもたちと活動している中でも感じていたのですが、子どもたちも担任の先生も、活動の結果や終着点を予測したいという思いがあったのかもしれません。特に最初の数週間は、子どもたちの興味・関心、それぞれの個性や思考を知るための大切な時間なので、子どもたちそれぞれの好奇心を自由に発揮して実験してほしかったのですが、何かをつくらなくてはいけない、理解しなくてはいけないなど、最終的な成果やゴールを求めたり、ゲーム感覚で捉える子どもたちもいました。自分の五感を研ぎ澄ましたり、他の人とアイデアを交換し合って実験するというよりも、大人や社会による評価を優先していることを感じていました。

　探究は子どもたちと先生との実験プロセスそのものです。子どもたちの関心や学びを深めるために、文脈を丁寧に読み解くことが重要です。探究の面白さは、事前にすべてを予測できないところにあります。素材や道具を通してさまざまなことを五感や心で感じ、他の人と対話しながらじっくり実験することを、先生にも子どもたちにも伝えないといけないと実感しました。おそらく、普段の活動の仕方と探究があまりにも違っていたのではないでしょうか。子どもたちは作品や成果物をつくるのではなく、日々いろいろな素材と向き合う中で、自分の気持ちが揺れ動き、全身で楽しんでよいということを知ってから、少しずつ変わりました。自信をもって自分の仮説を試すことに夢中になっていきました。

時間の色の物語

「２つの部屋がある！」

　光の探究をはじめて約３週間。

　光と物と影の関係性や不思議さを身体で感じて、試して、考えて、そして、感じることの飽くなき探究心をもち続ける子どもたちに、時間の色の物語をつくることができる環境を用意しました。自分の"好きな時間や世界"を想像しながら、光による立体構成と物語をつくることができる素材や道具を準備します。最初に２つのミニシアターをつくりました。１つは直方体、もう１つは円形の曲線型です。子どもたちは、この２つのミニシアターを「部屋」と呼び、それぞれの物語を創造します。

　物語の登場人物たちは子どもたちといろんな世界を旅します。でも、物語の主人公はいつも子どもたちです。

　ミニシアター「部屋」、ライト３つ、懐中電灯、動物フィギュア、積み木、スポンジ、カラーセロハン、透明素材、レース、紙などを用意しました。子どもたちは自分のつくりたい世界を具体的に思い描きます。

「はれとくもりと雨の
　セット！」

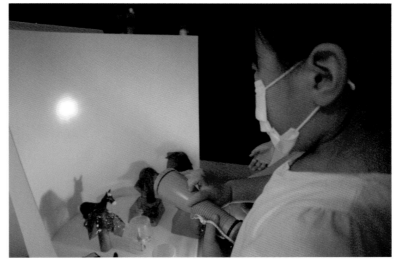

「朝になったら、みんな起
　きてくる・・」

「くもりの色は白色。雨の灰色はくもの
　色。晴れはオレンジ！」
「晴れは白と赤」
「きいろも！」
「夜の９時は紺色で、夜12時は黒色」
「朝６時をつくろう！」

　色と時間についての子どもたちの対話には、さまざまなメタファーが含まれています。子どもたちは思い描く時間の色を光と素材によって表現したり、また、光の色から時間を想像しながら物語を語ります。地球に住む私たちの生活の上で、時間と光（太陽）は密接な関係をもっています。子どもたちは科学と哲学を詩的に結びつけ、飛び越えていきます。

物語の中

「せかいに入ってる！」

　2つの「部屋」で物語を語る子どもたちはもう一つの道具、デジタル機器も臆せず使いこなします。パソコンと web カメラ、プロジェクタです。視点を大きく変えてくれるこれらデジタル機器は、子どもたちを新しい世界へと連れて行ってくれます。

「ふしぎ。どうして？
入ってみたい」

　　自分の物語に自分が入ることができたなら。
　　デジタル機器はさまざまな素材とアナログとの間で、仮説を立てたり試したりする実験ができます。子どもたちの光による物語はデジタル機器を通して、巨大な平面となって目の前に現れました。3次元と2次元を行ったり来たりしながら、子どもたちの好奇心は物語や世界に入ることに向かいます。

「素材としての光」

　光の探究を通して、子どもたちの違う一面を知ることができたと園の先生が言いました。日常の園での活動では見られない子どもの姿が、なぜ「光の探究」では見られたのでしょうか。たとえば、先生の問いかけにほとんど答えず、言葉で友だちとコミュニケーションをとることが少なかった子どもが、探究中には問いかけに答えるだけではなく、自ら語り出し、夢中になって光と素材で詩的な世界を表現したことがありました。後に、アトリエでの活動がはじまってから自信をもって自分のことを話したり、素材を使って家でもさまざまなものをつくりはじめたと、その子の母親が教えてくれたことがありました。また、集団での活動が不得意で落ち着きがない子どもが、探究中にはさまざまな理論や仮説を率先して立てて、光とモノの関係性を友だちと考える様子が何度もありました。

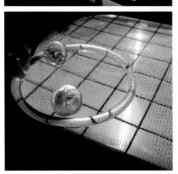

　少人数で活動していたため、一人ひとりの考えや表現をしっかりと受け止められる環境であったという点もありますが、普段使っている素材やおもちゃと違い、「光」という素材のもつ特徴や可能性、不思議さ、美しさが子どもたちの身体に働きかけたのではないでしょうか。光は常に身の回りにありますが、光を素材として認識し、意識的に向き合うことは少なかったのではないかと思います。遊具やゲーム、テレビ、動画など、日常のさまざまな遊びや生活体験を通して自分の好みや価値観が定まり、それが少しずつ固定化されていく中で、今まで出会ったことのない初めての探究的な光は、子どもたちの本質や性格、個性、アイデンティティに直接働きかけたのかもしれません。そのため、今まで見えなかった子どもたちの違う一面が引き出されていったのだと思います。しかし、その一面こそが子どもたち本来の姿であるともいえそうです。

「探究の行方」

　光とさまざまな素材の関係性を知る実験を続けてきましたが、次の段階として、立体構成や空間構成を深めていくこともねらいにしました。ある時、探究の中で一人の子どもが「時間の色」を創造しました。朝や夜、夕暮れの時間をライトと棚、さまざまな素材を使って、非常に詩的な世界を表現し、その場にいた他の子どもたちも「時間の色」に引き込まれていきました。ライトを少しずつ動かして朝陽が昇る様子を表現し、ライトをさらに動かして真昼になった後、徐々に夕暮れがやってきて真っ暗な真夜中をつくり、さらにカラーセロハンをライトに被せて夕焼け……と、太陽と地球の関係性を詩的で視覚的に見せてくれました。子どもたちも先生も私も、皆の心がときめいた瞬間でした。私はその時、担任の先生と思わず目配せをしました。言葉は交わしませんでしたが、この発見をさらに深めるような環境づくりをしようと方向性を共有できた時でもありました。美しさは好奇心を掻き立てます。

　この「時間の色」の発見を深めるための環境として、ミニシアターを提案しました。レッジョ・エミリア市立の幼児学校でも、子どもたちとのアトリエでミニシアターを使うことがあります。ミニシアターという言葉どおり、小さな劇場のことです。直方体の箱型や馬蹄形などさまざまですが、限られた空間を小さな舞台に見立てて、その中で劇を行うように物語を語ることができるようになっています。本物の劇場と同じくライト（照明）を使うので、光と影を使いながら自分の物語を立体構成によって語ることができます。延々と広がる大空間ではなく、小さな空間に区切ることで、自分の世界感を表現しやすくなります。

　そして、もう一つの大事な要素は「球体」です。子どもたちの関心が一番強い素材がビー玉でした。目の中に光がある、という子どもの発見もあり、「球体」を使って子どもたちと探究を深めていくことを考えました。子どもたちがビー玉に魅了されるのは、ビー玉に誰をも惹きつける魅力があるためだと思います。それは、

ガラスという素材なのか、「球体」という形か、または感触か……
それらすべてかもしれませんが、ビー玉の特徴の一つである「球体」
に焦点を当てることにしました。

　光を使った立体構成や物語づくりの中で、子どもたちにさまざ
まな形や素材の「球体」を提案し、OHPやライト、光のテーブル
など、子どもたちが探究しながら使いこなしている道具を組み合
わせることで、詩的な世界が生まれていきました。

３．まるいかたちと光

まるいかたち

「ビー玉はほのおで

　つくってる」

　探究の素材の中に、子どもたちにとって特別なものが一つありました。それはビー玉です。光とモノとの関係を探る時も、光と影の世界で立体構成をする時も、時間の色や物語を創造する時も、子どもたちはいつもビー玉を手に取ります。ビー玉をOHPの天板にのせて映る像の色や大きさの変化に興味をもったり、ライトによるビー玉の影を物語の中に忍ばせたり、ビー玉を物語の登場人物にすることもありました。さらに、子どもたちに太陽や月、地球、星などの天体を想像させます。

　果たして、子どもたちを魅了するのは球体という形でしょうか、または、ガラスという素材や性質でしょうか、それともその両方でしょうか。子どもたちと一緒にさまざまな"まるいかたち"と"素材の性質"を光によってさらに深く研究しました。

「ちきゅうみたい」

「ころがる！」
「これは跳ねるのに、ビー玉は跳ねない！大き
　くて、これはビー玉より大きい！」
「ゆきだるまみたい。おなかポンポンの！」
「大きい隕石！宇宙！海にある」

「まるいかたちと光」

　「まるいかたちと光」の実験をするために、さまざまな大きさの球体や丸い形のモノを用意し、子どもたちと今までの発見を一緒に振り返りました。全員が夢中になったビー玉に光を当ててみたり、発泡スチロールやアクリル樹脂製の球体など、いくつかの異なる素材の球体を新たに提案しながら、光を通して球体の特徴やおもしろさを知る自由な実験を行いました。

　探究を継続して2か月が経ち、友だち同士で疑問や驚きを共有することも日常的になりました。時には、球体と光による美しく不思議な現象に、友だちと息を呑む姿もありました。不思議な現象に向き合う時は子どもたちの思考の時間に任せ、さまざまな仮説、予測、理論を議論したり試すことができるように、ゆったりした時間を確保することが理想です。

　ある日、一人の子どもが、球体の特徴の一つである転がる面白さに気がつきます。ビー玉やボールなど、さまざまな球体を机の上で転がしてみて、「まるいから転がる」という因果関係を見つけます。そこで、球体ではないまるいかたちとして、リング状になったアクリル製の輪を子どもたちに提案しました。輪は転がりますが、すぐに倒れてしまいます。そこで、球体と輪は何が違うのか、また新たな問いと仮説が生まれ、子どもたちはさらに思考を深めていきました。「まるいかたちと光」の関係性について、仮説と実証の繰り返しによって理論を構築し、子どもたちがさらなる不思議を見出せるように問いや環境づくりを続けます。

光とまるいかたちの構成

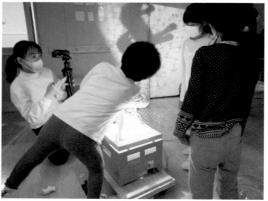

「見て、２つある。ほんもの。にせもの」

　　光と球体とさまざまな素材は子どもたちの興味をさらに掻き立て、想像の世界へと連れていって
くれました。球体の影と光のゆらめきはまるで海の中や風のそよぎ、霧の町を思わせます。子ども
たちは光を反射させたいところに反射させ、球体の中にも外にも間にも、さまざまな素材を組み合
わせてみます。光の探究を何度も繰り返している子どもたちは、光の特徴や物との関係性によって
現れる現象に意識的に向き合っています。もっと試してみたいという好奇心は尽きません。子ども
たちはまさに研究者です。

「あたまから、風がでてるよ」

「とうめいきのこになった」

「他者を尊重すること・自分が尊重されること」

　子どもたちの探究の様子で気になるのは、素材や道具の扱い方と友だちとの接し方です。友だち同士で使いたい素材が被ってしまった時に話し合いで解決したり、使う順番を決めたり、一緒に使うなどの提案をしたりするのではなく、奪い合いや暴力的な発言が出ることがよくありました。また、探究の仕方でも、素材や道具を床に投げたり、わざとぶつけたりということがありました。初めて出会う素材や道具なので、触って試してみる過程で破れたり壊れるのは仕方のないことです。しかし、好奇心や興味からモノが壊れてしまうことと、フラストレーションや怒りによって壊れることの違いには注意が必要だと思います。

　なぜ、わざと壊してしまうのか考えてみると、他者を尊重することと自分が尊重される経験が少ないことがあげられると思います。子どもたちにとって、園は生まれて初めて出会う小さな社会です。子どもたちは園のメンバーの一人として、一つの小さなコミュニティを構成しています。居心地が良く、好きなように過ごせる家から外に出て、他者と空間やモノを共有する保育園で過ごすことになります。園では、誰もが心地良く過ごすためには人やモノとどのように関わっていくのかを学ぶ大切な機会になるはずです。

　モノや環境を意図して壊すことの背景には、他者と共有する場やモノを大切にできないこと、他者を尊重できないことが挙げられます。それは、物理的な場やモノだけではなく、他者の言葉や思考、存在も含めて考えることが必要です。他者を尊重できないのは、自分が大切にされていない、もしくは、自分が尊重されていると感じることができないことともいえます。子ども同士が互いの考えを知り合い、その上で物事を解決できるように、大人は子どもの声を聞くことにもっと注意深くなってほしいと思います。耳に聞こえる声だけではなく、聞こえない声も含めて、子どもたちともっと丁寧に向き合うことが必要です。

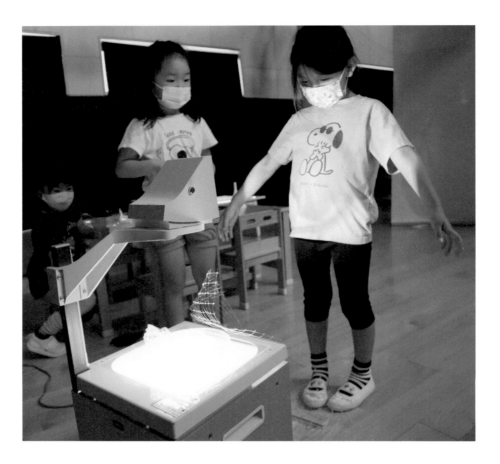

「みてみて！みて！」

「どれがきれい？こっちの方がきれい！」

　探究の方法や興味・関心は子どもたち一人ひとり違います。光を大きな紙に照らすだけではなく、光を自分に向けて服の色の変化に興味をもった子どもたち。違う素材を試し、また自分に映し出します。「きれい」な服が出来上がって友だちに見てもらいたいと思うことは、美しさを共有したい、驚きを伝えたいという大切なコミュニケーションです。

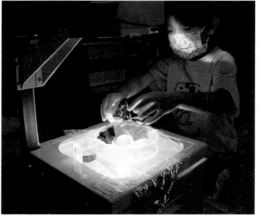

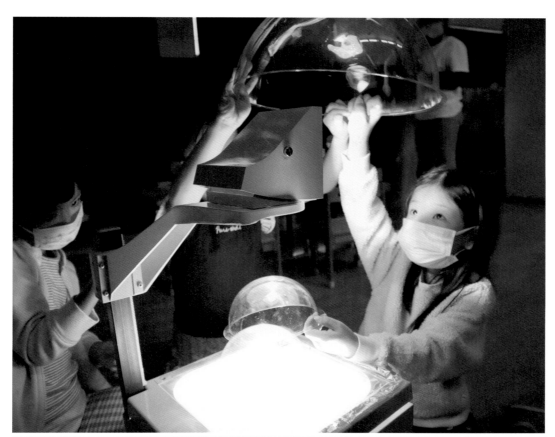

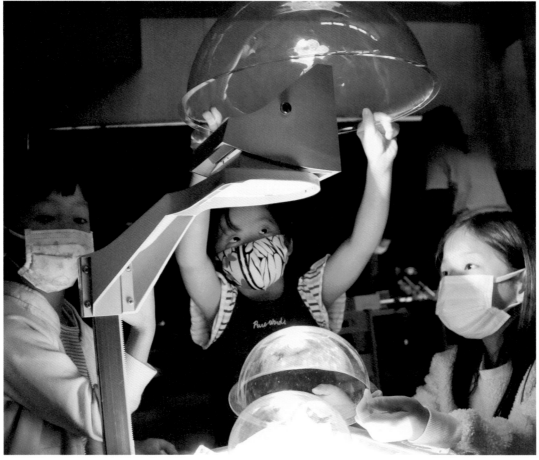

4. それぞれの "きれい" な世界

　光とモノ、空間のさまざまな探究を続けるたくさんの子どもたちから、「きれいにしたい」「すてきにしたい」という言葉が出てきたり、探究以外の場面や園の日常生活の中にある光と影に目を留めてじっくりと感じる子どもたちの姿をよく見かけるようになりました。美しさを感じとる瞬間は人それぞれ異なります。その違いをお互いに知り合うことはさまざまなモノの感じ方や見方を知ることでもあります。

　日常の中にも「きれい」「美しい」という視点が好奇心とともに育っている子どもたちと一緒に、光と球体でそれぞれの「きれい」な世界をつくりました。光の探究を繰り返している子どもたちは、心の動きや楽しさを光に感じていました。

「ひかりはこころ。ドキドキするきもち」
「たのしい！もっとやりたい！」

　今度は自分が「きれい」と思う素材から世界を創造します。子どもたちは素材を選ぶことを通して、自分が感じる「きれい」とじっくり向き合います。形や色、感触を一つずつ確かめるようにそっと素材に触れながら。友だちは一体どのような素材を選ぶのか、静かな緊張感の中、皆が見守りました。色とりどりの紙やセロハン、レース、透明フィルムなど、今まで使ったことのある素材もない素材もまずは触ってみます。

「色が合ってるからきれい
　　だと思った」

　さまざまな素材に魅力を感じて、一人で選ぶと迷ってしまっても、友だちや先生とアイデアを交わしながらゆっくりと自分の感じる「きれい」と対話をしました。

「あざやかな色だから」

「みんなが青く見える。薄いし大好きな色だから。これは形がかわいい」

　子どもたちは「きれい」と感じる素材を３つ選び、なぜそれを選んだのかについて、お互いの考えを共有しました。子どもたちの「きれい」についての考えには、色や感触、イメージ（比喩）、色の組み合わせ、そして自分の気持ちが含まれています。

「くもの世界。パーティーしてて片づけるの忘れちゃって、眠っちゃった夜！」

子どもたちが探究し続けた「まるいかたち」と素材でそれぞれの「きれい」な世界を構築します。透明の球体を手にすると、さらに想像はふくらみます。

「宇宙の果てまで虹色っぽい。みんなが知らない色にする」

子どもたちは思い思いに選んだ素材を球体の中に入れるために素材をハサミで切って形を変えたり、重ねる順序を試してみたり、光を球体の外からも中からも照らしたりしながら、自分の「きれい」なまるい世界を創造します。宇宙や自然、これから出会う未知の世界を想像しながら。

「月みたいにまるになった！」
「わぁ、すごい回る！回ってる！」

子どもたちが見つけた球体の特徴の一つ、くるくると回ることは光と素材が組み合わさることで、より視覚的に色の美しさや光の動きが際立ちました。そして、アトリエの黒い壁面は、光を反射する探究の大切な道具に変身しました。

「子どもたちの"きれい"な世界を知るために」

　子どもたちの光や素材への興味・関心が深まっていった頃、担任の先生との振り返りで、子どもたちは探究以外の日常生活の中でも「きれい」という言葉を発したり、教室やテラスなどで光や影の形を見つけて友だちと共有したりすることが多くなってきたことがわかりました。

　探究プロセスの中で、子どもたちは光や影を美しいものと捉えていましたが（27頁「ターニングポイント」）、子どもたちが考える美しさとは一体どのようなものか、もう少し具体的に深めたいと考えました。子どもたちは自分が気に入った形や色が現れた時に、「きれい」や「かわいい」という言葉をよく使います。その言葉を「美しい」という言葉に変換して考えましたが、子どもたちの美しい世界はどのような世界なのか、目に見える形で表現できるようにしたいと思い、最後にそれぞれが考える美しい世界について、球体を使って創造できるような環境づくりを行いました。環境設定は学びのねらいが視覚化されたものです。どのような素材を揃え、どのように子どもたちに提案するか、そこには大人の意図が含まれています。

　子どもたちがよく使っていたものや好きな素材を中心に、先生が美しいと思う素材も提案しました。子どもたちの美しさと大人たちの美しさがシンクロすることが、探究の醍醐味でもあります。そこで、オーロラ紙やミラー紙、さまざまな種類のレース、メッシュ素材、黒の素材など、子どもたちが好きな素材の他に、今まで提案していない素材も加えて環境を整えることにしました。それらの素材の中から自ら選び、子どもたちそれぞれの「きれい」な世界を具体的に創っていきました。具体化することが大切です。なんとなく「美しい」、なんとなく「きれい」と、言葉にできない美しさがあることは大前提ですが、その無意識の美しさを、素材を使って直接的に表現することに挑戦してほしいからです。美しいという直感を掘り下げ、素材とじっくり知覚的に向き合いながら言葉で意識化し、自分の表現へとつなげていく試みです。

「ふわふわの世界」

　子どもたちはまるい世界を完成させて終わりにはしませんでした。変化させ続けます。もっと「きれい」な色や形があるのではないかと他の素材を試したり、もっと「違う」可能性を見つけるのを面白がっていました。それはまるで、自分が予期しない出会いを楽しんでいるかのようです。

「海の世界にはたくさんの魚がいる」

　さまざまな青色を組み合わせた「海の世界」には魚がたくさん住んでいて、その世界に光が射すと、また別の世界が現れました。

「地球みたい」

「炎の世界をつくってる！」

「恐竜も入れたい」

　子どもたちにとっての「きれい」なまるい世界は、球体の中だけではありません。光は空間の中に存在することを子どもたちはすでに知っています。大きな布の幕に光を映すだけではなく、自分の思い描く場所に光を映しだすこともできます。子どもたちはそれぞれの美しさを追求しながら、自分の世界を自分で構築し、さらに友だちと共有することで違う見方や可能性を探究し続けました。

『おもいでのせかい』

『ほのおとみずのせかい』

『ゆめかわちゃん』

『しんかいのせかい』

『ブルー』

『ガールズランド』

『エックス』

『ゆめのワンダーランド』

『キラキラボール』

『まるまるのせかい』

『ろな』

『ときめくとき』

『ふしぎのくに』

『ほのおのじごくせかい』

『しんかいのせいぶつにくもがある』

5. 探究はつづく

　3か月間の探究を経て、アトリエでの探究活動は一旦終わりました。しかし、子どもたちの好奇心や探究心は終わることなく、教室の内外で素材や道具を使って「光の探究」を行ったり、日常の遊具と光を組み合わせたり、自ら探究道具をつくったりする子どもたちもいました。人工の光であるライトやOHPだけではなく、自然光である太陽光の下、存分に探究を楽しみ続けていたようです。日々の生活の中で、子どもたちの探究的思考がさらに豊かに各々の方法で育っていることがわかります。

「劇発表と絵」

　渋谷保育園では毎年12月、劇発表を行います。5歳の子どもたちは「光の探究」で見つけたさまざまな発見やアイデアを劇発表に取り入れ、美しい光と影で劇を披露しました。この発表は他のクラスの子どもたちをも魅了し、3歳の子どもたちが立ち上がり、前のめりになって発表を見入り、劇が終わると「もっと！もっと！（見たい）」という声が口々に上がっていました。5歳の子どもたちの学びが光と影の美しさによって、他の子どもたちの心をより一層惹きつけたことがわかります。

　子どもたち誰もが、楽しそうに舞台を上演していました。光の不思議さで皆を驚かせたいという気持ち、美しさを伝えたいという気持ち、そして、光を思うままに操る子どもたちの自信が見え隠れしていました。劇発表に「光の探究」を取り入れることを発案したクリエイティブな思考の先生たちがいたからこそ、子どもたちの探究と特別な行事がつながり、子どもたち一人ひとりの個性が発揮される機会になったと思います。

　探究が終わった後、子どもたちは「光の探究」の絵を描きました。思い入れのある道具や好きな素材を使っている場面、強く心が動いた光と影の形など、子どもたちそれぞれが「光の探究」の主人公になった絵であることがわかります。探究を絵にすることを発案した先生は、普段は描くことに苦手意識をもっていたり、与えられたテーマの絵は描きたくない子どもたちが、この時は誰もが思い思いに描いていて、今までの体験画との違いに驚いたようです。3か月間「光」と対話し続けた子どもたちの中に、驚きや興奮、美しさや不思議さ、理論や経験、クラスの仲間とのたくさんの実践の記憶が溢れているようです。

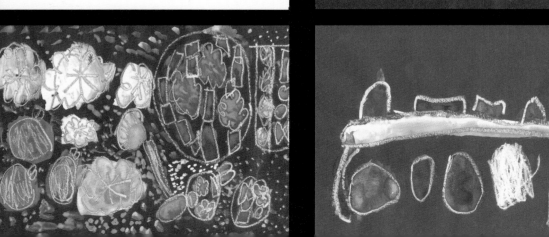

第 2 章

アトリエをするために

2-1　問いが生まれる

1. 探究をはじめる前に

　子どもたちとの探究はどのようにはじまり、どこへ向かうのでしょうか。はじめる前に
たどるべき道や目指すゴールがあるわけではありません。子どもたちの日々の生活や遊び
から、子どもたち自身が発見したことをより深めるために探究ははじまります。また、子
どもたちに気がついてほしい、発見してほしいと思う大人の願いから探究がスタートする
こともあります。今回、子どもたちと「光」を素材とした探究を行ったのは、日常の保育
の中で子どもたちに美しさを感じてほしいという渋谷保育園の園長の思いがありました。

　子どもたちと探究を行う際には、準備が大切です。どのような問いを子どもたちに投
げかけるのか、どのような環境を用意するのかを事前に考えます。これをレッジョ・エ
ミリアでは、prefigurazione（プレフィグラツィオーネ）といいます。日本語の意味は「予
め示すこと、前もって見せること」、前もって探究のねらいや環境づくりなどを検討する
ことです。子どもたちの探究プロセスを支えるために用意するので準備表といえますが、
探究のはじまりと終わりを計画するものではありません。探究をとおして、子どもたち
に何に気がついてほしいのか、どんな発見をしてほしいのかについて考え、そのねらい
に基づいた環境設定や問いを検討していきます。

　子どもたちにどのような環境を提供できると、その発見は可能になるのでしょうか。
場所や使用する道具、素材、どのように活動を行うのかなど、環境設定を考えます。環
境設定の正解は一つではなく、子どもたちと探究しながら定まっていくこともあります。
実際に子どもたちと活動してみると、必要な素材やそうではなかった素材、提案したい

道具など、さまざまなことが明確になります。子どもたちと一緒に活動した後に、素材や道具に関する多くのアイデアが出てくることもあります。

　事前にねらいや環境設定を考えるのは、子どもたちの学びの過程を丁寧に支えるためですが、そのプロセスを視覚化し、他の人と共有するためでもあります。事前に準備表を用意し、ねらいや環境設定を検討し、探究の後に子どもたちの発見や気づきの振り返りを行い、次の準備をします。子どもたちは自ら発見し、共有することが得意です。しかし、子どもたちの発見をより深めるために、大人も積極的に探究に関わることが必要です。子どもたちの発見をただの発見に終わらせないために学びの文脈を整えるのは、大人の役割の一つといえます。

2. 光ってなんだろう

光の性格

　「光」は私たちの生活に必ず存在するものです。屋外では太陽や街灯、屋内ではライトや蝋燭（ろうそく）など、さまざまな光源によって、物の形や色を認識することができます。さらに、光には魅力的な特徴が多くあります。反射や透過、散乱などの物理的性質、電磁波としての「光」、光と影の関係、空間の中にボリュームとして存在する光、そして、「光」は人の感情や心理に強く働きかける性格があり、感情言語ともいわれます。たとえば、演劇や音楽コンサートの照明デザインによって、舞台シーンや音楽の嬉しさや楽しさ、悲しさ、怒りなどをより強く感じたり、蛍光灯の白い光や電球の黄色い光によって、部屋の暖かさや居心地などの感じ方も変わってきます。また、影絵の美しさに誰もが一度は心を奪われたことがあるのではないかと思います。幻想的な光と影の世界は子どもたちばかりではなく、大人も物語の中へと連れて行ってくれます。このようなさまざまな性格をもつ「光」を素材として、子どもたちとどのような発見ができるかを実験するのが「光の探究」です。

　「光」は素材にもなりますが、道具にもなります。「光の探究」では、OHPや卓上ライト、光のテーブル[1] などの道具を使いました。これらの道具は、子どもたちに「光」の効果

---

1) トレース台（漫画家やアニメーターが作品をつくる時に、机の下からの光源で絵を複写しやすくする道具）のように、下から光が照らされることで、物の色や形をはっきり捉えることができる机のこと。

や特徴を試行する中で示唆してくれます。

　たくさんの魅力をもった「光」は、どのように提案するかによって、子どもたちの発見や気づきも大きく異なってきます。それは、あらかじめ全てプログラムするのではなく、環境や素材、道具、言葉によって子どもたちに問いかけ、その答えを一緒に探りながら、新しい問いに出会うプロセスを一つひとつ丁寧に積み重ねることが大切です。渋谷保育園では、具体的にどのような問いを立て、どのような問いが生まれたのか、実際のやりとりを例に見ていきたいと思います。

光ってなんだろう？
　「光ってなんだろう？」これは、探究初日の問いです。探究をはじめる前に、子どもたち一人ひとりに「光」とは何か聞いてみました。問いは、子どもたちの本当の考えを知る大事な手がかりになります。子どもたちはすぐに思いついたり、じっくりと考えたり、家や園を思い出したりしながら、さまざまな「光」を教えてくれました。自分の身近にある「光」、経験したことのある「光」、印象的な「光」など……子どもたちの考える「光」を知ると、子どもたちのモノの見方や学び方を知ることができます。これは、子どもたちの学びを支える大切な一歩です。

　とても印象的だったのは、一人の子どもが目の中に「光」を発見した時です。その子は友だちの顔を見ながら「光」について考えていました。見つけた途端、目をまん丸くして友だちの顔を覗き込むように「目の中に光がある」と言いました。頭で考えるだけではなく、実際に目に見えた世界から、小さな瞳の奥に「光」を見つけました。その後、他の子どもたちと一緒に、目の中に光があるのはなぜか、さまざまな問いと仮説を立てました。「光は目。キラキラしている。見ているものが目玉に映るから。でんきを見ると目にうつる。人も、見ているもの全部が映るから」

　身の回りにある「光」から、目の中に「光」を見つけたこの子どもは、偶然見つけたのではなく、自分の実世界から能動的に見つけようとして発見しました。また、子どもたちは、大好きな電車の顔の「光」、お腹の「光」、オリンピックの銀メダルや金メダルの「光」など、一人ひとりの記憶、経験、思考の中に、自分の「光」をもっています。最初のシンプルな問いは、子どもたちの考えを目に見えるようにする助けをしてくれました。子どもたちの答えの中に、子どもたちの性格、個性、アイデンティティが現れています。

子どもたちの「光」

"たいよう" "でんき" "カミナリ" "心がおどる" "流れぼし" "銀メダル金メダル"

"おなかが光る。おなかが光るから。"（お母さんが妊娠中にエコーを当てていたから）

"でんわ" "避難マーク" "ライト" "マンションのでんき" "公園のでんき"

"まるい。まぶしくておひさまみたい。調整できる。近くで見ると目が悪くなる"

"保育園には天井にちがうシリーズのまるいのがある。全部まるい。"

"イケアの光" "こころ" "とけいのライト" "カメラ"

"電車には光がある。だって、暗いから！いつも光ってる。顔についてる。"

"目。キラキラしている。見ているものが目玉に映るから。でんき
を見ると目にうつる。人も、見ているもの全部が映るから。"

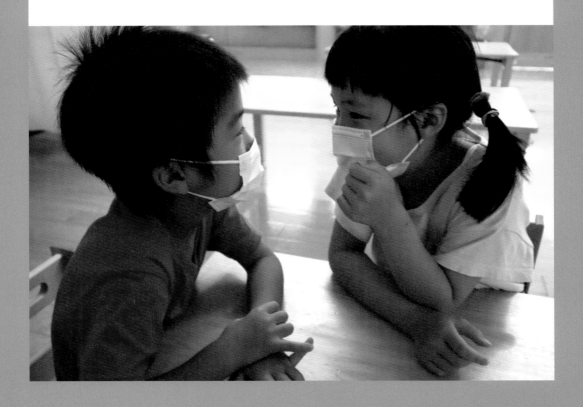

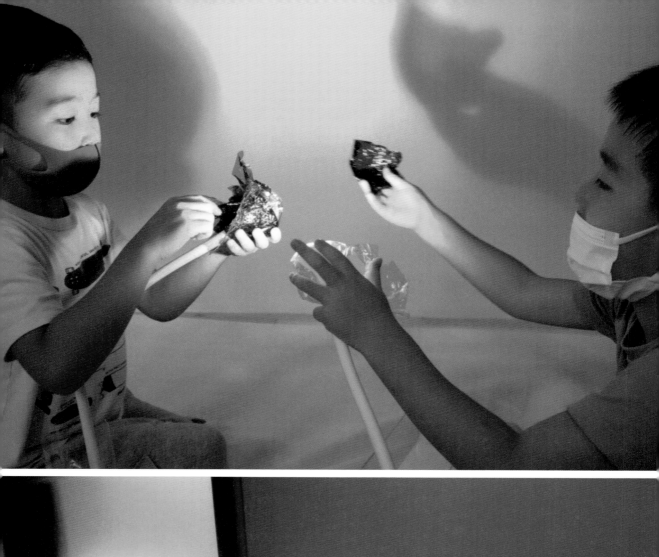

時間と光

　「時間と色」の関係性は子どもたちが見つけた大きな問いでした。答えが無限に広がる問いは子どもたちの研究に欠かせません。自分で問いを見つけ、想像したり、仮説や理論を組み立てながら答えを生み出し、新しい問いへと向かいます。

　光と影の関係性を実験するために、ライトを用いてカラーセロハンやレースなどさまざまな素材を試していた時に、一人の子どもが「時間の色」を見つけました。アトリエにある棚に向けてライトを照らし、ボックス内の色が柔らかいオレンジ色になった時、「夕方をつくってる」と教えてくれました。周りにいた他の子どもたちもその様子を見て、引き込まれていくようにさまざまな「時間の色」をつくっていきました。

「昼もつくってみよう」

「本当の夕方」

「朝からだんだん夜になっていく……」

　子どもたちのこの発見は、たくさんの意味をもっています。ライトが太陽の役割を担い、ライトの位置によって色が変わり、影ができる太陽と地球の関係性、そして、太陽の位置と時間の関係性を発見しました。文字にすると非常に物理的ですが、その場面はとても美しく、詩的でした。子どもたちの詩的世界に、その場にいた大人も魅了されました。

　小さな棚のボックス内に光が充満し、子どもたちは次々と時間の色を試し続けました。自分で試して発見した面白さや美しさは、誰かから与えられたものではなく、自らつくり出したものです。子どもたちは「光」を知覚すること、予測すること、仮説を立てること、また新たに試すことをとても優しく詩的な表現で何度も繰り返しました。子どもたちは常に大きな問いを発する詩的世界をもっています。

　後日、子どもたちの発見した「時間の色」をクラス全員で考えてみました。夕方の色はオレンジだけではなく、赤っぽい、透明の黄色など、さまざまな色を想像し、朝や夜の色も子どもたちそれぞれのイメージがあり、一人の子どもの発見が問いとなって、他の子どものイメージを刺激します。

　「時間と色」の関係性を話し合った後、子どもたちの「好きな時間」を皆で考えてみました。「好きな時間」には、子どもたちの願いがたくさん込められていました。

みんなの好きな時間は何時だろう？

「朝の6時。楽しいから」

「青の時間。ご本で読んだ。モンシロチョウがくる」

「夜12時。オオカミになる」

「朝1時。つくったりできる。メダカにエサをあげる。さんぽも」

「朝ごはんの時間」「24時」

「夜11時。お友だちと遊ぶから。お友だちがくる」

「朝。カブトムシが好きだから」「夕方3時。プール」

「おやすみの日の朝。プールに行く」

「夜7時。たくさんお話しできる」

「2つある。朝6時。朝はわたしが生まれた時間だから。夜。夜はママとたくさんお話
できるから」「朝6時」

「冬の夜12時。サンタクロースがくるから」

「夜11時。ガンダムとロボット」「夜ご飯」

「朝1時。夜明けが見たいから」

「夜の9時。お風呂のあと、扇風機でブオォーーって気持ちいいから」

「朝。遊ぶ時間が好き」

　この日、担任の先生との振り返りで、子どもたちの多くが深夜から朝早い時間を「好
きな時間」と答えたのは一体なぜかと話し合いました。子どもたちは皆寝ている時間で
す。「好きな時間」を問われた時、おそらく、多くの大人は日々の自分の生活を振り返り、
その中から答えると思います。子どもたちにとっての「好きな時間」は、自分たちがそ
うであってほしい時間であり、現実と想像の世界は切り離されずにつながっているよう
でした。子どもたちは理想や夢、願い、物語の世界と現実の世界をいつでも行き来して
いるようです。

3. 子どもたちの問い

　最初に、探究をはじめる前に辿るべき道や目指すゴールはないと言いましたが、問い
は子どもたちと探究を行う時の道標にもなります。子どもたちの「なぜ」「どうして」を
深く掘ると、段々と道が拓けてきて、また次の道標に出会うことができます。そして、
その道のりを振り返ってみると、学びのプロセスがつくられています。つまり、子ども
たちが見つけた問いは、探究の進むべき方向性を教えてくれるものであると考えられま
す。子どもたちが発する問いに注意深くなることは、子どもたちをより良く知るため、
また、全員で学びを深めることにつながります。

　問いは言葉だけではありません。環境設定も大きな問いになります。環境には大人の
考えや発見してほしい思いが込められていますが、子どもたちはそれをゆうに超えて、
大人が予測しないたくさんの発見をします。その一つひとつに子どもたちの疑問や不思
議、嬉しさ、楽しさなど、さまざまな好奇心が詰まっています。探究のねらいや環境設定、
最初の問いを事前に検討しても、子どもたちの学びのプロセスは予想できません。さま
ざまな問いによってたどる子どもたちとの道のりを一緒に楽しむように、探究を進めて
ほしいと思います。問いは楽しいものです。問いを立てることで探究がはじまり、問う
ことで互いを知り合い、問い続けることで知識を構築する……まるで知的な遊びのよう
ですが、自分で知識をつくり出すためには問いを自ら見つけてそれを試みるプロセスが
必要です。

2-2　環境をデザインする

1. 環境は第三の教師である

　レッジョ・エミリアでは「環境は第三の教師である」といわれています。環境を整えるということは、家具や素材を整えるようなハード面だけでなく、どのような環境で子どもたちに過ごしてほしいか、どのような環境ならば知的好奇心がくすぐられるのか、という先生の願いを形にすることにつながります。ですから、環境をデザインする時は、先生たちが子どもたちに耳を傾け、その願いを汲み取ろうとする必要があります。先生たちと子どもたちがともに環境を構築するのです。

　子どもたちは、デザインされた環境の中で、素材や道具と出会います。それら一つひとつを大切に扱い、どこに置くのか、その大きさや形や量はどうするのかを考える必要があります。素材は、選んだり比べたりできるように、異なる大きさや色、形のモノを準備します。子どもがさまざまなことを発見できるように、ねらいに即しながら素材を選び配置を考えます。

　環境をデザインする時には、美しさが大切です。子どもだからこそ、質の高い本物に触れる権利が保障される必要があります。感覚的な知覚や喜びは、学びを触発し、豊かなものにします。そのことによって、物事を単に理解するというだけでなく、物事に共感しながら、繊細な関係性をつくり出します。ヴェッキは、「美が感受性を育み、互いに距離のあるモノを結びつける能力を養うならば、そして学びが異質な要素の間の新たな結びつきによって学びが生起するならば、美は学びを活性化する重要なものだと考えることができる」と述べています。

2. 道具と素材を選ぶ（光の探究から）

　環境をデザインする時には、探究のねらいとの関係で道具や素材を選び、配置します。2021年度の「光の探究」の具体的な環境に即して、どのようなアイデアに基づいて道具や素材を選択しているか見てみましょう。

OHP

　光の探究は子どもたちがOHPと出会うところからはじまりました。プロジェクタと書画カメラ（OHC：オーバーヘッド・カメラ）が普及した現在は、ほとんど用いられることがなくなった道具です。なぜオールドメディアであるOHPを使用するのでしょうか。

　OHPは、モノの像を拡大して投影するという点でOHCと似ています。しかし、その仕組みは大きく異なります。OHCがモノのデジタルな画像をプロジェクタで投影するのに対して、OHPは光源からの強い光が天板の上のモノの形を捉え、アームに付けられたミラーでその光を反射してスクリーンに投影します。光がモノを貫くため、透過性のない素材はシルエットになり、透過性のある素材は色が映し出されます。

　また、光が強いため、天板の上のモノもいつもとは違って見え、子どもたちを惹きつけます。鏡で反転させているところも、プロジェクタにはない魅力の一つです。子どもたちは、どのように素材を動かすとどのように映るのか、何度も試しながら多くのことを発見します。

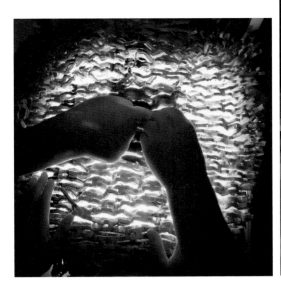

写真1

スクリーン

　OHPの映像を投影するためにはスクリーンが必要です。「光の探究」では、いろいろな種類の
スクリーンを使用しました。白い布だけではなく、黒いスクリーン、カラーのスクリーン、シアー
素材の布、梱包材などを使って違いを比べます。写真1のように、壁に沿ったスクリーンにする
こともありますが、写真2のように、空間の真ん中にスクリーンを垂らすこともあります。この
ようにすると、子どもは映し出された像を裏から見ることができます。像は見えるけれどモノは
見えないという状況は、正面から見る時とは異なる関心や発見を生み出します。

写真2

写真3

素材

　光を直接操作することはできません。ですから光の探究では、モノが必要になります。OHPと組み合わせる素材の可能性は無数にありますが、最初の探究の時は次のような視点から素材が選ばれました。

★子どもたちにとって日常的な素材であること。日常的に知っているモノの見え方を変え、新しい関係性を探ります。園や家にあるものを選びますが、厚紙や段ボール、アルミホイルなどの紙に似たモノ、工作が好きでよく使っている筒（ラップの芯）、シャボン玉をつくるプラスチックの道具などを選んでいます。

★光との関係性を探究しうる素材を組み合わせること。光を反射する素材（アルミと鏡）、光を透過する素材（透明なプラスチックのカップや梱包材）、光を透過しない素材（紙、木でできたモノ、白いプラスチックでできたモノ）を準備しています。多くのモノを準備する必要はありません。透過性のあるモノとないモノ、半透明のモノ、厚みの違うモノなどで、いくつかの形があると、複雑な関係性を探究することができます。

★色と形。色のついたモノはカラーセロハンを中心にして、他の素材は白、透明、反射素材の銀にして色を取り除いています。これは、カラーセロハンから色の美しさを発見しやすくするためです。

★素材の数。写真3のように、最初は素材の数を抑えて用意します。

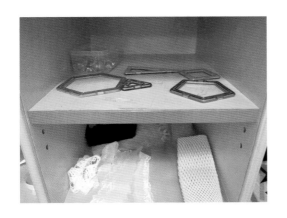 

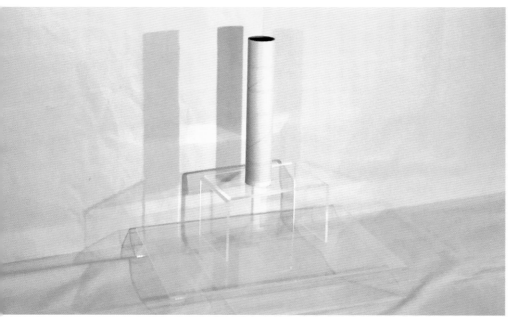

写真 4

卓上ライト

　「光の探究」では、OHPの次にLEDの卓上ライトを用いています。卓上ライトの特徴は、光に明確な方向性があり、その方向性をある程度自由に調整することができる点にあります。このように自分の意志で光の方向性を変えられる道具を用いることは、子どもたちが光についていろいろなことを発見する助けになります。

　また、熱くならないので、光源に手や素材を当てて影を確かめたり、カラーセロハンを被せて色の世界をつくったりすることができます。写真5では白い布と3本の卓上ライトで環境を構成し、ライトの数や方向と影の関係を試すことができるようになっています。写真6では、卓上ライトに赤と黄色のカラーセロハンを被せて「夕方」をつくっています。

写真 5

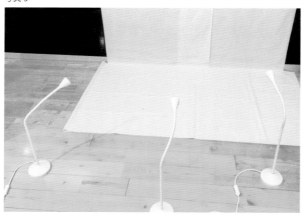

写真 6

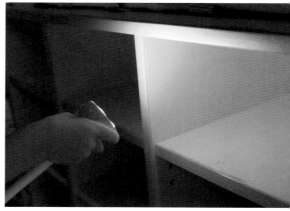

引き算をする

　子どもたちが探究のプロセスをつくっていく時に、複数の素材から選択できるということはとても大切です。しかし、豊富であればあるほどよいというわけではありません。活動のねらいに即して、素材の種類や量を調整する必要があります。

　光と時間の関係を探究していた時に、動物や恐竜のフィギュアを準備して物語づくりを行いました。たくさんのフィギュアを並べたところ、子どもたちはとても喜び、フィギュアに夢中になり、光のことを忘れてしまいました。そこで次の回には、フィギュアを厳選して少なくして並べました。そうすると子どもたちは、光に集中しながら、フィギュアを物語の主人公や登場人物として使うことができました。

　恐竜を減らすことも重要でした。恐竜はインパクトの強い主人公で、物語をコントロールするパワーをもっています。恐竜のフィギュアが多いと、どのグループの物語も、いん石がぶつかって氷河期が訪れて……という話になってしまいます。恐竜が好きな子どもたちの間では、「○○ザウルスがほしい」という取り合いも起こります。光と色の関係、光とモノの形の関係を味わいながら物語を紡ぐためには、恐竜のもつパワーを小さくする必要がありました。

　それ自体が強い文脈をもつモノは、恐竜のフィギュアだけではありません。1歳児クラスの光の探究で、半透明の素材としておままごとのフライパンを使った時は、通常のおままごとがはじまってしまい、子どもたちの関心は光が織りなす世界に向かいませんでした。半透明のカラーのプラスチックカップは、フライパンほどにはおままごとにつながりませんでしたが、やはりお茶を飲む真似を繰り返す子がいました。

　大切なのは、子どもたちの活動を見て、耳を傾け、子どもたちがどのように素材と関わっているかを知ることです。

写真7

ダンゴムシのいない場所（園庭）

　３歳児クラスの子どもたちが、園庭で光の探究をすることになりました。どこにどのように環境を構成するかを先生たちが相談していた時に、アトリエリスタの津田先生が「子どもたちは虫が好きですか？」と尋ねました。もちろんです。多くの子どもがそうであるように、渋谷保育園の３歳児クラスの子どもたちも、ダンゴムシが大好きでした。津田先生は「では、ダンゴムシのいないところにしてください」と言いました。先生たちは葡萄棚の下に白いシートを敷いて、探究の環境を準備しました。シートに葡萄の木の影が美しく映る場所です。

　探究にはねらいがあります。光とモノが織りなす世界を味わい、その関係を発見してほしい。しかし、ダンゴムシに夢中になってしまうと、光に関心をもたなくなるかもしれません。ダンゴムシの魅力に抗うことができないからこそ、子どもたちが対象に集中できるように、ダンゴムシのいない環境を構成する必要があります。

乳児の環境

　乳児の環境を考える時には、幼児以上に、衛生や安全の観点が重要になります。そのため、渋谷保育園の0歳児クラスで光の探究を行った時にも、光が目に当たるとよくないのではないか、素材を口に入れたらよくないのではないかといったことが心配されました。もちろん角のあるような危ないモノを置くことはできません。しかし、0歳児であっても、探究的に素材と関わることのできる環境を構成することはできます。柔らかい布や紙でも、素材の違うモノ、触り心地の違うモノを準備することができます。また、2人の子どもに1人の先生がついたり、3人の子どもに2人の先生がついたりする時間をつくることで、より多くの素材を用いることができます。

　渋谷保育園の0歳児クラスでは、葉っぱに関心をもっている子どもが多くいたことから、さまざまな葉っぱと出会うことのできる環境を構成することにしました。複雑な美しさをもつ自然の葉っぱが、五感を使った探究へと子どもたちを誘います。

2-3 記録し省察する

1. 記録する（ドキュメンテーション）

　探究の活動の中で、先生は子どもに問いかけ、子どもの言葉や行動を、メモや写真、映像などで記録します。このような先生の営みは「ドキュメンテーション」と呼ばれています。

　なぜ記録が必要なのでしょうか。レッジョ・エミリアのペダゴジスタのリナルディによれば、ドキュメンテーションは何よりもまず、子どもに耳を傾けるためのものです（リナルディ 2019）。先生たちは記録をとりながら、子どもたちの発見やアイデアを聴き、新たな子どもの姿を見出し、その表現を味わいます。活動中に記録したメモや写真は、子どもたちの作品とともに、振り返りで用いられます。

　ドキュメンテーションは、子どもたちにとっても重要な意味をもっています。自分たちの作品や写真は、自分たちが行ったことや考えたことを想起し、再訪し、再考する機会を与えてくれるからです。そのプロセスこそが探究です。渋谷保育園では、全体で活動を共有する時に、子どもたちが自分たちの写真を見ながら発見を伝えました。また、クラスの窓に写真が貼ってあり、普段からも見ることができますし、活動の時にそれらを参照することもありました。

　これらを通して子どもたちは、他者の発見やアイデアを知り、それについて考えることができます。アイデアを認めあうこともあれば、ぶつかりあうこともあります。そのような過程を通して、子どもたちは知識を共同構築することを学びます。

　ドキュメンテーションは、園の記憶として蓄積され、その園の文化をつくっていきます。また、保護者や他園の先生、行政に携わる人々と探究を共有する役割も担います。

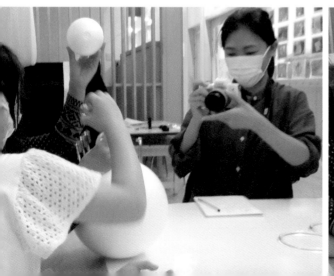

2. 振り返る（リフレクション）

　探究の活動を行った後で、活動に参加していた先生を含む複数の大人が、写真や動画を見ながら、また子どもたちの描画や言葉を参照しながら、振り返りを行います。渋谷保育園では、午前中に探究の活動を行った日は、午後のお昼寝の時間に振り返りをしています。

　振り返りでは、どのようなことを行うのでしょうか。

　先生たちは、ドキュメンテーションを用いて子どもたちの表現や言葉を共有し、再訪し、複数の観点から解釈します。子どもの表現をどのように見るのか。子どもたちは何に関心をもち、何を発見していたのか。どのようなアイデアや世界を表現していたのか。それらの解釈を通して、先生たちは、次の活動をデザインします。これから何が起こりうるかを予測し、子どもたちの探究を深めることができる新たな問いと環境を考えます。

　このような振り返りを継続的に行う中で、先生たちは、子どもたちの世界について学び、どのように子どもの学びを持続させるかを学びます。複数の大人が協働することによって、日常的な振り返りは、先生たちの専門的かつ協働的な研修の場となります。

3. ある日の探究から

　実際のアトリエ活動とその記録、振り返りは、どのように行われるのでしょうか。決まった方法があるわけではありませんが、ある日の活動を例にその様相を見てみましょう。

　登場するのは、アトリエリスタの津田先生と4人の子どもたち、アオイさん、サクラさん、ミナトさん、ユウマさんです。先生は子どもたちに、モノと言葉で問いかけ、子どもたちはその問いかけに触発され、またお互いの動きや言葉に触発されながら、「まるいかたちとひかり」についてのアイデアを生み出しています。ローリス・マラグッツィは、「子どもにとってグループのなかにいることは、素晴らしく変化する実験室の内側にいる時のように、とても恵まれた状況なのです」（エドワーズほか 2001）と述べています。まさに4人の子どもたちも、ともに実験しているかのようです。

「まるいかたちとひかり」

＊この日の活動は、前半のテーブルでの探究と、後半のシアターでの探究に分かれていました。
　以下に示すのは、その前半の様子です。

　子どもたちと先生が机を囲んでいます。机の上には白い紙が広げられ、その上に透明
なリングで輪止めされた緑色のビー玉が一つ置かれています。津田先生がそこに、発泡
スチロールの白い球体を加えます。

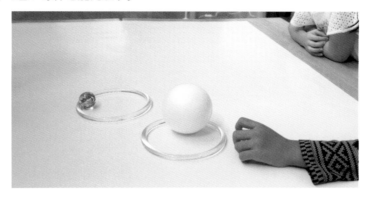

　　　　津田先生：ビー玉とちょっと似てると思ったの。

　　　　アオイ：ビー玉じゃない。

　　　　津田先生：何が違うんだろう。

　サクラさんが白い球体を手でつかみます。ミナトさんは球体にビー玉をコツンとあて
ます。

　　　　サクラ：すごいこれ、かたい。

　　　　アオイ：かたいし、色がついてない。おっきい、

　　　　　　　　野球のボールみたい。

　　　　ミナト：おれ、野球ならってるよ。

　　　　津田先生：野球で、どんな時に使う？

　　　　ミナト：投げるとき。

津田先生が、ビー玉をスチロール球の横に並べて、「このかたちはどんなかたち」と、改めて問いかけます。

　　　　アオイ：えっと、おんなじ丸だけど……。
　　　　サクラ：これ（ビー玉を指差して）、ちっさい。

　そこに、大きなスチロール球が登場します。大きさが喜びとなり、子どもたちが歓声をあげます。「地球みたい」（アオイ）、「これ（小さい）がお姉さんで、これはお母さん」（サクラ）。ユウマさんは、大小のスチロール球を組み合わせて雪だるまをつくりました。

　津田先生が、アクリルの輪を手にたずねます。

　　　　津田先生：みんなこれ（スチロール球）、まるのかたちって教え
　　　　　　　　　てくれたけど、じゃあ、これは？
　　　　アオイ：穴があいたまる。

　津田先生はさらに、ミラー紙を丸く切ったものを持ってきます。

　　　　津田先生：じゃあ、これは？
　　　　アオイ：紙のまる。
　　　　ユウマ：鏡みたい。
　　　　アオイ：膨らんでないまる。
　　　　サクラ：これ、鏡みたい。

　続いて光が登場します。今日の光は小さな懐中電灯です。まずは透明なカプセルです。津田先生が「どこから照らす？」と尋ねます。子どもたちの提案で、右斜め上からライトを照らすと、パッと影が浮かび上がり、子どもたちが「あっ」と声をあげ、影に手を

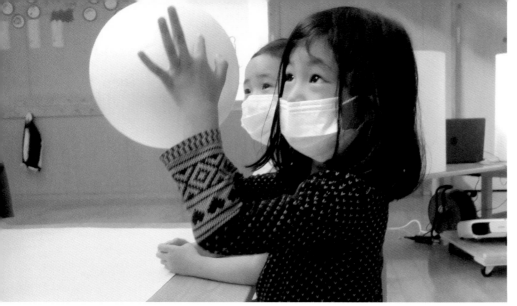

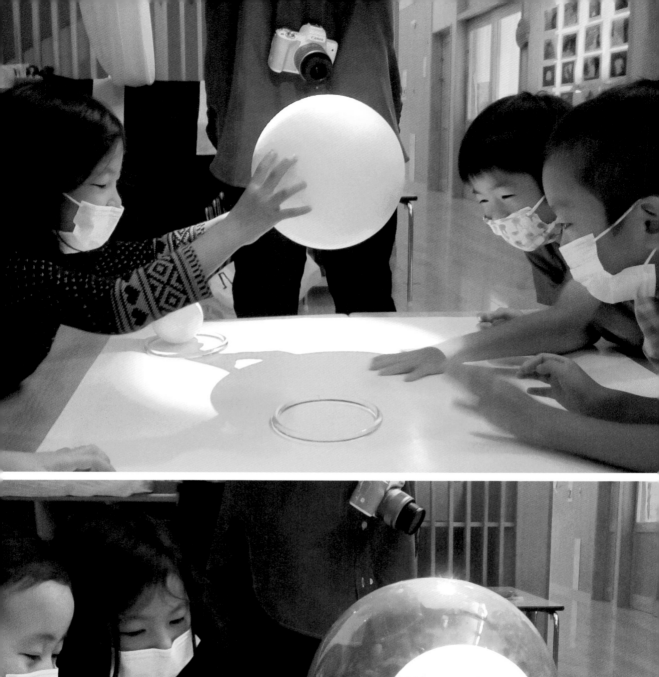

触れます。光源を真上に変えると、影の映り方が変わります。サクラさんがカプセルを持ち上げると影が広がりました。

　　　　サクラ：大きくなった。

　　　　津田先生：大きくなった、どうしたら大きくなった？

　　　　サクラ：どうしてこうやると（カプセルを持ち上げる）でかくなるんだ？

　次は大きなスチロール球。サクラさんは、また球を上下させて試しています。それから丸いミラー紙。もう一度、大きなスチロール球。

　ここで大きな透明な半球が登場します。やはり大きいものは魅力的で、再び歓声がわきます。サクラさんは半球の中に大きなスチロール球を入れます。ミナトさんとユウマさんは、小さなスチロール球に大きな透明な半球をかぶせます。ミナトさんは、「ヘルメット」と半球を頭にかぶります。

　アオイさんが、大きな透明な半球を二つあわせてカプセルにし、中に大きなスチロール球を閉じ込めました。子どもたちの提案で、真上から光をあてることになります。透明な半球と、その中に入れたスチロール球の影が重なります。子どもたちは、透明な半球の影には、思いもよらない模様が浮かび上がることに気づきました。

　　　　アオイ：なにこれ（半球の影）、見て。

　　　　サクラ：爪痕じゃん。

　　　　アオイ：月みたい、だって穴あいてるから。

　その後のシアターでの活動では、アオイさんとサクラさん、ミナトさんとユウマさんの二つのグループに分かれ、白いミニシアターで光と素材を用いて世界をつくりました。アオイさんは夜の世界をつくることにしました。ミナトさんたちは球体の探究からスタートしました。その中でも、興味深い探索や発見が多くありました。

振り返り

　活動後の振り返りで、先生たちは子どもの活動の写真と言葉のメモを見ながら、子どもたちが何を試していたのか、何を発見していたのか対話をします。振り返りを通して、先生たちは次の活動のデザインを行います。対話は、一人ひとりの子どもとその関係に着目しながら、丁寧かつ具体的に行われています。

★球体と光の関係

スチロール球とアクリルの輪の違い：　先生が「こっちと丸は丸でもどう違うんだろう、同じ丸だけど」とたずねると、子どもたちは「膨らんでない」「こっちは普通の丸」「こっちは丸すぎるんだよ」といったように、子どもたち自身の言葉で考えて表現していた。

スチロール球と光：　サクラさんは、球を上に持ち上げると、影が大きくなるということに気がついていた。じっくりと球の回りに映る影を観察していた。

透明な半球と光：　透明な半球に光を当てた時に、影を見て「爪痕がある」と表現していた。透明だと、見ているようで見えていないものがあって、影だと鮮明に映し出される。そのことに改めて気づかされた。

★シアターでの活動

ユウマさんの疑問：　ユウマさんが球に透明な半球をかぶせて、「床に着かない」と言った。机の上で試した時は、小さいスチロール球だったので半球が机に着いたけれど、大きな球体だと高さが出て床に着かない。どうしてだろうと問い、横から見たり、置く場所に着目したりしていた。それから、半球が2つ必要なのかもしれないと仮説をたてていた。他にも、ユウマさんはとてもよく探究していた。透明のカプセルが影に映ったら土星みたいだという言葉。半球に屈折した光が映り、光が揺らいでいることへの気づき。半球を2つ重ね、その隙間にビー玉を入れて、その転がる様子を上から中からのぞいていた。この半球の使い方は、事前にイメージしていなかった。

アオイさんとサクラさんのストーリー：　アオイさんがいろいろなカラーセロハンを持ってきて、サクラさんがそれを組み合わせてストーリーをつくっていた。大きな紫のカラーセロハンを使って、「夜の世界と海の世界は似ている」と言っていた。光を消した状態をつくって、「夜」を表現してもいた。

ミナトさんの願い：　ミナトさんは、ウェブカメラで上部を映そうとしていた。「空」と呼び、空を映そうと試していた。恐竜のフィギュアを欲しがっていたが、なかったので、かわりにスポンジをミニオンズに見立てて物語をつくっていた。

世界をつくる： 懐中電灯をチカチカさせて、オレンジのカラーセロハンを通して「雷だ」と言っていた。境界をつくり囲った世界の中で、光を一方向に照らした時に、さまざまなイメージがわいている。どんな素材で何を置くかということが、子どもたちに影響を与えている。

球体の中の世界： アオイさんが、透明カプセルを見た時に、大切な物を入れてネックレスをつくりたいと言った。実際に、カプセルの中に、オーロラ紙を入れていた。他のグループでも、中に何かを入れてみたいという子どもたちがいた。次に予定している球体の中での構成につながっていく関心が見られた。

世界の中に入る： 子どもたちから、「入ってみたい、お化け屋敷みたい」「パソコンの世界に入っている」といった言葉が聞かれた。「中に入る」「世界に入る」ということを、他のグループの子どもたちも言っていた。現実とイメージの世界を行き来する子どもの言葉である。

★環境の構成
子どもの組み合わせ： ミナトさんはユウマさんがやっていることをよく見ていた。ミナトさんは、いつもユウマさんと一緒にいて、一緒の遊びをしている。もちろん一緒に活動しやすい子と組み合わせるのがいいのだけれど、いろいろな考え方を知るために、あえて違うグループにして、ほかの子と組み合わせてみてもいいかもしれない。

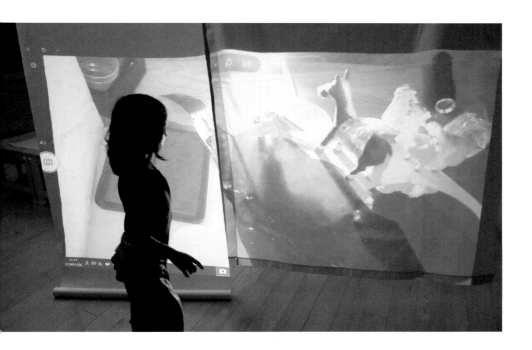

素材について： アオイさんから、「今度はもうちょっとたくさんレースがほしい、持ってきてね」とリクエストがあった。次回はライトテーブルを使うため、レースの組み合わせで柄の見え方を楽しむことができる。ライトテーブルは4人だと狭いかもしれないので、パソコンとウェブカメラ、ライトテーブルの2つの場で活動したい。

家庭への通信

　この日のユウマさんの姿は、担任の先生に強い印象を残しました。そこで先生は、「生のドキュメンテーション」（一次的な記録）を再構成して、家庭への通信（二次的な記録）を作成しました。この通信は、子どもの様子を伝えるというよりも、家庭と探究のプロセスを共有するためのものです。ですから、すべての子どもが登場する必要も、それほど頻繁に作成する必要もありません。そのかわりに、子どもの発見やアイデアが、先生の受けた感動とともに綴られています。

参考文献
エドワーズ, C.・ガンディーニ, L.・フォアマン, G.編、佐藤学・森眞理・塚田美紀訳『子どもたちの100の言葉—レッジョ・エミリアの幼児教育』世織書房、2001年
リナルディ, カルラ著、里見実訳『レッジョ・エミリアと対話しながら：知の紡ぎ手たちの町と学校』ミネルヴァ書房、2019年

わたげ通信 9月号　　～球体って不思議だね～

保育者「球体や他の素材を使って、どんな世界を作ってみよう？」
　　ユウマさん「…やってみながら考える！」

　　ユウマさんの探究が始まりました。

　　　　　　　最初は球体の表面に光を当てたり
　　　　　それによってできる影を見つけたりして
　　　　　「月みたい！」と世界を作り始めました

　　次にビー玉を手にした　　ユウマさん
　　それを透明の半球体の中に入れて回すと
　　「なんで沢山ビー玉があるのに全部くっついて回るの？
　　みんな同じ向きにしか回らない！なんで！？」

　　ビー玉の不思議な様子をみて今度は球体の中に閉じ込めてみました
　　　　　「動かなくなった！くっついた！」
　　　　　「でもこれは入れるのが難しい…」
　　　　　次々と発見を教えてくれました

　　　　　　　　　　半球体とビー玉で作った世界を
　　　　　　　　　　光に当ててみたり、
　　　　　　　　　　Webカメラで映してみたり
　　　　　　　　　　探究がどんどん深まっていきます

　　球体に『閉じ込める』という発見から
　　　次はカプセル型の球体に
　　セロハン紙を閉じ込めてみました
　　「みてみて、次はこうやってみた！
　　先生、光を当ててみてよ！キレイだよ！」

　　　　色々な素材に触れていくうちにどんどん深まっていく探究。
　　　普段手にしたり目にするような何気ない素材でも、じっくり向きあうことで、
　　　　　　　子どもの世界は次々と広がっていきます。
　　　　　たんぽぽ組の光の探究はまだまだ深まっていきそうです。

2-4　学びを共有する

1. 親との共有：保護者の参加という考え

　レッジョ・エミリアの乳児保育所と幼児学校では、保護者の参加が大切にされています。ミーティングやイベントへの参加が少ない時は、少し強めに呼びかけて参加を促しますが、一体なぜでしょうか。ローリス・マラグッツィは、子どもたちの安全と幸福のために、家族と緊密に協力することが大切だといいます。園が保護者から子どもを預かるという考えではなく、園と保護者がチームになって、一緒に子どもの学びを支えるという考えがとられているのです。

　しかし、それだけではありません。マラグッツィは、「親たちの参加は、より充実した相互的な知識とより効果的な教育の方法、内容、価値のより実りある研究を分かち合うコミュニケーションネットワークを可能にします」と述べています（レッジョ・チルドレン 2012）。保護者は、子育てを支援されたり教育されたりする対象ではありません。園の保育者は、保護者を含む研究のネットワークを構築します。保護者は、子どもとともに世界を探究する大人でもあり、保育者とともに、子どもとその学びについて探究する存在でもあります。

　渋谷保育園では、以前から保護者会や保育参加が行われていました。また運動会や生活発表会といったイベントに保護者が参加していました。しかし、探究のプロセスへの参加を保障するためには、少し違った保護者の参加のかたちを工夫する必要がありました。その様子を具体的にみてみましょう。

おやこひかりラボ

　2021年度の光の探究が終盤にさしかかった頃、保護者を園に招いて「おやこひかりラボ」を開催しました。朝、保護者が子どもと登園すると、すでに環境が設定してあり、仕事に行く前のひと時、子どもと一緒に光を探究することができます。できるだけ多くの保護者に参加してもらえるように、3日間にわたって開催しました。大切にしたかったのは、子どもたちのそれぞれの知り方や学び方を大人が学ぶこと、子どもたちがどのように初めてのことに向き合っているのかを知ることです。

　「おやこひかりラボ」というやり方をとると、光という探究の対象を共有しながら、子ども、保護者、園がコミュニケーションをとることができます。しかも、子どもたちがリードするかたちで、お父さんやお母さんに、「これを見て」「こうしたらこんなふうに見えるんだよ」といったかたちで伝えることができます。

　2022年度の光の探究では、それぞれのグループがOHPの制作を終えたところで、本物のOHPと想像し創造したOHPを並べて、展覧会を開催しました。活動の写真やOHPの設計図のドキュメンテーション・パネルもいくつか準備し、それらがどのようにしてつくられたかというプロセスを共有しました。

　探究のプロセスを共有するためには、それをテーマとする保護者会も有効です。この2年間は、コロナ禍で保護者が一堂に会することが困難だったため実現しませんでしたが、今後、開催していきたいと考えています。

「正解」を伝えること

　ある保護者から、「子どもたちに正解を伝えるんですか」「どういうふうに正解を伝えるんですか」と質問を受けました。探究では、子どもに正解を伝えることはしません。正解にたどり着くプロセスや、たどり着かないプロセスを、一緒に共有していきます。そのことを伝えると、家では何をしたらどうなるか先回りして伝えてきたけれど、子どもが試行錯誤を楽しめるように、少し我慢して見守りたい、とのことでした。

　保護者も、子どもたちにどのように関わっていいか、迷いながら日々模索しています。正しい答えがあるわけではありませんが、お互いの考えを交換し合うことが大切です。探究のプロセスへの参加を通して、子どもを正しく教育しなければならないという保護者の気負いや孤立を少し和らげ、子どもと共に世界の意味を形づくる楽しさを共に味わうことができればと思います。

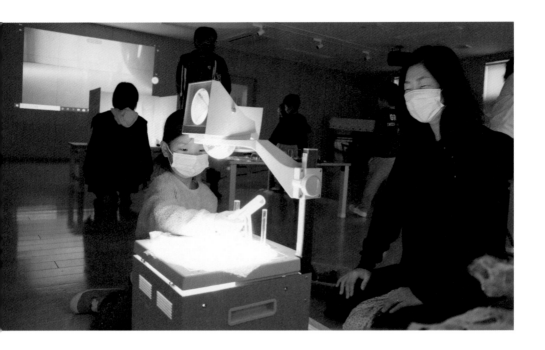

展覧会

　2021年度の締めくくりの3月には、園全体の保護者に向けて「光の探究展」を開催しました。5歳児の活動が展示の中心でしたが、それに触発されながら他のクラスの子どもが光と素材に触れている様子も共有しました。また、OHPやライトテーブルと素材を準備した体験コーナーでは、光の美しさを実際に感じてもらいました。以下、保護者の声の一部を紹介します。

　　子どもたちが自発的に物事を考え、楽しんでいる姿がよく伝わりました。大人が正解を用意するのではなく、子どもが感じたことを認めて活かすという取り組み方によって、子どもにとって尊重される喜びや多様性を認めることを学べる機会になるんだろうなと思いました。

　　ここ最近、上の子の塗り絵がカラフルになっていたのですが、もしかして光を探究するなかで、いろんな色があるのがキレイ、と影響を受けたのかなと思いました。おうちでも懐中電灯などを使って遊んでみようと思います。

他園との共有：保育・幼児教育とコミュニティ

　渋谷保育園でアトリエでの探究をすすめるにあたって、私たちは、渋谷区の他園の先生たちとその経験を共有することを重視しました。それは保育・幼児教育を運営する行政の単位が地方自治体だからです。探究をはじめることは一つの園でも可能ですが、持続して高い質を保つことは、一つの園だけではできません。

　レッジョ・エミリアは、教育アプローチの名前である以前に、北イタリアの一つの自治体の名称です。それは、すべての子どもの権利としての教育に責任を負うことを定め、実際にそのためのシステムとネットワークを構築してきた「教育する自治体（educative commune）」です（Reggio Children 2008）。その役割の一つとして、自治体の全ての保育・幼児教育施設がネットワークし協力することを推進する必要があります。その中で、その地域の保育・幼児教育の文化がつくられ、幼い子どもたちであっても市民として社会に参加することが可能になります。

　日本の文脈に即すなら、とりわけ公立園では自治体を単位とする異動があるので、共通のビジョンをもって協力することは不可欠です。とはいえ、このようなネットワークを構築するのは容易ではありません。その重要性を知り、自治体という単位を念頭において、ネットワークのための試みを積み重ねることが大切だと考えています。

展覧会

　「光の探究展」は、渋谷区の他の公立園の先生にも見学してもらいました。その感想を紹介します。

　　とても素敵で楽しい展示だった。子どもの興味をそのままに受け止め、言葉を拾い、その興味に寄り添いながら、さらに発展していく可能性のある素材や環境を提供していく。その関わりは、保育者としての喜びや楽しさにも繋がるだろうと感じた。また、その活動の中で制止や誘導をしないということは、簡単なようで簡単ではないのではないか、長く保育園にいる保育者ほど、子どもの興味や気持ちを全面的に信頼するということを、強く意識して行わないとできないのではないか、と感じた。みんながそう出来るようになったら、きっとこのような素敵な保育があちこちで行われるようになるだろう、と楽しみにも思った。

　　準備などを含めると大変だろうなあというのが最初の印象だったが、保育者の話を聞いていて保育者自身も楽しんでいることがすごく伝わってきた。……体験ブースでは、実際に体験することができてこれをやったらどうなるのか試してみるなど保育者でも楽しいので、子どもにとってはいろいろな発見ができて楽しいのだろうなと思った。光の探究だけでなく、普段の保育の中で子どもの興味や関心を引き出せるような保育ができたらと思った。

探究活動の見学会

2022年度には、渋谷区内の区立保育園の希望する先生に、アトリエでの探究活動を公開し、振り返りにも参加してもらいました。実際に見て感想をもらう中で、取り組みへの理解を深めることができました。

> ここでは、自分の発信や表現は全て肯定的に受け止めてもらえるという、子ども達の中に蓄積された絶対的な安心感があることを感じました。それがあるかないかで、子ども達の表現も言葉も、大きく変わってくるのではないかと思います。

> 年長児はこんなに集中を持続できるんだという発見がありました。それは保育者の関わり方で変わってくることを実感しました。

素材の貸し出し

「光の探究」の展覧会では、自分も取り組んでみたいけれど、探究の道具や素材を入手するのが困難だという声もありました。そこで、気軽に道具や素材を試してもらえるように、渋谷保育園を中心に貸し出しシステムをつくりました。

参考文献
レッジョ・チルドレン、ワタリウム美術館編『子どもたちの100の言葉：レッジョ・エミリアの幼児教育実践記録』
日東書院、2012年
Reggio Children, 2008, One City, Many Children, Reggio Children.

2-5　先生たちの探究

1. 探究のはじまり

　先生たちは、新しいプロジェクトがはじまることに懸念を感じていました。「ほんとうに自分たちにもできるの?」その理由の一つは、保育園の日常が、そうでなくてもとても忙しかったからです。でも、それだけではありません。担任の先生は、最初にレッジョ・エミリアのプロジェクトの記録を見た時に、その美しくしっとりした風景を素敵だと感じ魅了されました。そして、素敵で魅了されたからこそ、自分たちには難しいのではないかと不安になったのです。

　先生たちを前向きな気持ちにしてくれたのは、アトリエリスタの津田先生が話してくれたレッジョ・エミリアでの「失敗談」でした。「もうハチャメチャで、太鼓を出してきて、音楽だけで終わっちゃった時もある」そういったエピソードを聞いて、失敗してはいけないという気持ちが重圧になっていたことに気づき、「やってみたい」という気持ちになりました。

　先生たちは、自分たちの活動を写真や冊子で振り返った時に、「私たちこんな立派だったんだ」と感じたといいます。それはレッジョ・エミリアのプロジェクトの記録を最初に見た時と同じように、とても素敵に思えました。探究のプロジェクトは、子どもたちと先生たち自身の素敵さに気づかせてくれました。レッジョ・エミリアの子どもたちや先生と同じように、渋谷保育園の子どもたちと先生も豊かで力があることに気づかせてくれたのです。

2. 子どもたちとともに探究する

　探究のプロセスにおいて、先生たちは共同探究者となります。それは先生たちにとって、これまでとは違う子どもとの関わり方を模索する新たな挑戦でした。

　一方で、先生たちは、自分が求める方向に導こうとしたり、「答え」を教えたくなったりする自分に気づきました。探究のプロセスで、戸惑っている子どもがいると、「こうじゃない？」「それでいいの？」と、つい声をかけたくなります。そこで先生たちは、「教えるのではなく、一緒に探究する同志として子どもを尊重していきましょう」ということを確認しました。「ちょっと声をかけたくなった時、そこはちょっとぐっと我慢しよう」「ぐっと我慢している時に、子どもたちの考えに思いをはせ、何がしたかったのか、なぜそうしたのかっていうことを子どもたちに聞いて、一緒に考えていこう」こうして、教えるのではなく、子どもとともに考える関係をつくっていきました。

　先生たちは、ただ見守るだけというあり方を超えていく必要もありました。子どもを導かないようにと思うと、子どもたちの後ろから、首を伸ばして見守るような格好になってしまいがちです。いったいどのように関わったらよいのでしょうか。

　津田先生が、そのような状況を突破するヒントをくれました。「自分がきれいだなと思ったものを見せるのもいい、写真撮って見せるのもいい、子どもと一緒に共感するのもい

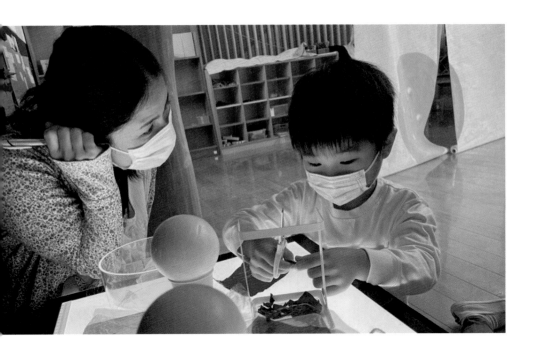

いと思いますよ」先生たちは、自分がどのように感じるかを考えるようになりました。子どもたちと同じ目線で、一緒に光を探究しはじめました。子どもたちとともに手を動かして「きれい」を感じ、光の不思議さやエモーショナルな光の世界を構築していったのです。

素材への理解の深まり

　先生たちは、活動を進める中でアトリエでの探究活動の理解を深めていきました。その重要なアイデアの一つが「素材」です。最初は、何が素材で何が素材ではないのか、よくわかりませんでした。お菓子の空き箱や子どもたちが好きなキャラクターのフィギュアも、「素材」として活用できるのではないかと考えていました。活動をしていく中で、次第に素材へのアンテナができて、素材への感度が高まっていきました。そして、自宅にあった動物や海洋生物のフィギュアを持ってきたり、100円均一ショップなどで自ら素材を買い求めたりするようになりました。

　何が素材になりうるかということは、探究の文脈によって異なり、一概に決定することはできません。先生たちは、美しさのもつ意味を考えるようになりました。子どもたちが素材を触ったり、夢中になって取り組んでいたりする姿は、普段とは異なる感情が生まれているように見えました。「きれい」「すてき」という気持ちが生まれ、愛着がわき、そのように美しさに魅了されることで探究が深まっていきました。

子どもたちが表現する世界は、一瞬一瞬が本当に美しい光景でした。

3. 新しい子どもの姿に出会う

　先生たちはアトリエでの探究活動で、子どもの「魂に触れる」ような感覚があったといいます。いつも一緒にいる子どもたちですが、探究活動の中で子どもたちとの出会い直しがありました。なぜ、そのようなことが可能になったのでしょうか。

　第一に、探究活動にはゴールがありません。たとえば「節分の鬼のお面をつくろう」という制作活動の場面では、「この材料で鬼を描いて」「ここにゴムを通して」といったように、「鬼のお面」というゴールに向かって子どもたちを導くことになります。しかし探究活動には、そのようなゴールはありません。活動中の声がけは、「今何をしているの？」「これは何？」など、子どもたちの興味・関心やアイデアを尋ねるものが多くなりました。先生たちが、子どもを知ろうとするようになったのです。

　第二に、4、5人の小グループが大切でした。5歳児クラスの普段の保育では、2人の担任の先生が27人の子どもたちと過ごしていました。先生たちは、子どもの言葉に耳を傾けようとしていても、一人ひとりの声を拾いきれず、聞き逃してしまっている部分があると感じていました。しかし少人数の活動では、「全員と関わることができた」という手応えを感じたといいます。

活動の中で、先生たちは記録をとりながら子どもたちにじっくりと向き合います。一人ひとりの子どもたちの興味・関心やアイデアを注視し、つぶやきに耳を傾け、子どもたちの主張を最後までじっくりと聴くことができます。それは先生たちにとって、子どもたちはそれぞれに思いがあって、話したいことや主張がたくさんあるということを、改めて認識する機会となりました。

　第三に、探究活動では、子どもたちがいつもと違う活動をしたり、普段とは異なる友だちと過ごしたりします。そのことで子どもたちの新たな一面を発見しました。ある先生はその経験について、次のように語っています。「私たちは、子どもたちが過ごす環境や興味・関心によって、遊び方や人間関係が変化することを学びました。OHPや懐中電灯、光のテーブルなどの道具、ビー玉やセロハンなどの素材、少し薄暗いアトリエ、少人数での活動、そのような特別な環境によって、子どもたちは普段とは異なる姿を見せてくれたのでしょう」

　特に先生たちを驚かせたのは、普段は雄弁ではない子どもたちの姿でした。いつもは質問をしてもあまり言葉が返ってこない子どもたちが、光の探究では、素材を使って世界を表現し、その世界について語りはじめたのです。

探究に失敗はない

　このアトリエでの探究活動は何のためにやっているのでしょうか？どのような成果が得られるのでしょうか？何ができれば成功なのでしょうか？

　探究活動は、子どもと大人でアイデアを投げ合いながら前に進んでいきます。そのプロセスには興味や好奇心、疑問、発見、不思議、挑戦、失敗などたくさんの感情や出来事が含まれています。継続的に、長期的に、じっくりと歩んでいく探究活動では、できた・できないを評価するのではなく、一瞬一瞬を見ていきます。

　そうはいっても、子どもたちの姿を見て、先生たちは戸惑いを感じたり、失敗だと感じたりしていました。「これは探究なのか？」「素材でおままごとをしているだけでは？」「この子はアトリエを走り回って終わってしまった」それらに対して津田先生は、先生たちに「探究に失敗はない」ということを伝えました。振り返りでは、「この子はからだ全体で表現していたね」「この子はこんなことを思っていたのかな」といったように、子どもたちのありのままの姿を分かち合いました。その積み重ねを通して、先生たちも、成功か失敗かではなく、今その子どもの中でどういうことが起きているのかを見るという子どもの活動の見方を学んでいきました。

子どもたちと出会う

　ユウマさんは、普段は身体を動かして遊ぶ姿が印象的な子ですが、探究活動では、じっくり集中して光と向き合い、さまざまに疑問をもつ姿がありました。「これってどうなってるの？」「これどうなってるの？」「これやったらどうなるの？」と、自分の疑問を声にして探究している姿を見て、先生たちは驚きました。

　カリンさんは、普段はちょっと斜に構えていて素直に表現できないところがある子です。担任は、先生とも距離を取りたがるというタイプだと捉えていました。しかし、探究活動では、ちょっと乱暴で他のお友だちからは敬遠されがちな男の子と一緒に活動していたことに驚かされました。カリンさんは彼の言葉に「えっそうなんだぁ」と感心する様子がありました。担任は、カリンさんが「先入観をもたずに相手と話せたり、接することができる子なんだな」と知りました。

　レオンさんは、普段の保育の中で色の名前を口にしたことがなく、先生たちはどうしてだろうと少し気になっていました。そんなレオンさんが、光の探究の時に「緑、黒、白」と言いました。それは、つぶやくような、その子の内側から出てきたものが言葉になったような言い方で、先生は「子どもの心が動いた瞬間を見た」と感じました。光と素材が織りなす世界の美しさがもたらした出来事だったのかもしれません。

　光の探究が終わった後に、子どもたちは絵を描きました。その時に先生たちを驚かせたのは、プールの体験画では線1本を引いて終わらせていたヒロキさんの絵でした。彼は黒の画用紙に白と赤と緑で紙いっぱいの絵を描きました。彼は光の探究では、赤のセロハンやカラーコップ、光などで火山を表現するなど、夢中になって恐竜の世界を表現していました。そのことを踏まえると、彼の絵は、緑の大地に恐竜が向かい合っているように見えてくるのです。先生たちは、ヒロキさんがこのプロジェクトで心を動かされ、ワクワクドキドキしながら自らの世界を表現することができたのだなと感じました。

第3章

アトリエが広がる

3-1　アトリエを継続し発展させる

　渋谷保育園の先生たちは、次の年にアトリエでの探究を継続し発展させようとしました。しかし日本の保育園は、一般的に、探究を組み込むかたちで仕組みやスケジュールがつくられているわけではありません。

アトリエ・コーディネーターの誕生

　2年目に向けて、どのようにすれば園全体でアトリエでの探究活動を継続することができるかが課題となりました。津田先生にサポートしてもらいながらも、今度は園の先生たちが中心になって活動を行います。活動をコーディネートしていく存在が必要ですが、渋谷保育園は公立園ですから、そう簡単にアトリエリスタを配置することはできません。そこで区の保育課と相談し、「アトリエ・コーディネーター」という独自のポジションが誕生しました。

　前年度に5歳児クラスの担任として探究活動に関わった先生が、アトリエ・コーディネーターとなり、アトリエで行う探究のデザインと実施を担当します。とはいっても、探究活動だけに専念できるわけではありません。いわゆるフリーの保育士として通常の保育にも入ります。

園全体での共有

　アトリエ・コーディネーターになった先生は、前年度の学びが、他のクラスの先生と思いのほか共有されていないことに気づきました。たとえば記録をすることや振り返りをすることは、探究に参加している先生たちには当たり前のことになっていましたが、他のクラスの先生にとってはそうではありませんでした。

　「同じ保育園で働いているのに、みんなは探究について知らなかったし、私たちも伝えられていなかった」という驚きと反省から、アトリエ・コーディネーターの先生は、2年目は園全体でアトリエ探究を経験するという目標を立てました。クラス担任の先生たちは、どうしても自分のクラスの保育で手いっぱいになってしまいますが、他クラスで行われている探究活動を交代で見に行くようにしました。また、活動ごとの探究の振り返りに加えて、2週に一度、園全体での振り返りを実施しました。

行事との調整

　保育園には多くの行事があります。1年目の5歳児クラスでは、探究活動と行事の調整に難しさがありました。そこで2年目は、子どもも大人も負担なくできる時期に探究活動をデザインすることにしました。アトリエでの探究活動は、子どもの心の動きに即して、柔軟なスケジュールで行うことが理想かもしれません。しかし、それを実現するには、行事の見直しが必要になり、時間がかかります。まずは、いつ・どのクラスが探究活動を行うかを事前に決めることで、無理のない活動の継続をはかったのです。

　大きな行事が後半に続く年長は、春のうちに。4歳児は、来年度の年長ということを見通して、年明けに。運動会と探究活動の両立は、そこまで運動会での役割が大きくない3歳児で実験。乳児は、子どもたちが落ち着いてくる秋以降に。

　こうして園全体で「光の探究」に取り組む2年目がはじまりました。

3-2　0歳児から5歳児の探究

0歳児の探究

夏の葉っぱ

　0歳児クラスのもも組では、子どもたちが葉っぱを全身で感じる探究を行いました。

　晴れた夏の日、中央で区切ることのできる保育室の片側が最初の舞台です。葉っぱの多様な美しさを子どもたちが直接見て触って感じられるように、葉っぱは、床の上、皿の上、あるいは窓に寄せられて部屋に配置されています。渋谷保育園の園庭にはぶどう棚がありますが、いつものように遠くからぶどう棚を眺めるのではなく、ぶどうの蔓や葉を近くで凝視し感触を知ることができます。用意されたのは、ぶどうの葉のほか、シュロ、

ヤツデ、ハラン、サトイモ、サクラなどの葉です。どれもみずみずしく、大きさも質感も色もそれぞれ細かく異なっています。

　子どもたちは、先生の膝の上でおそるおそる葉っぱや茎に触ったり、少しずつちぎってみたり、大きな葉の上に乗ってどんどん歩いたり、葉の先を握ってみたりします。ヤツデの先が足の裏に当たったのが痛くて涙を出す子どもがいます。ヤツデを先生が触った時に生まれた音を聴いてから、同じようにヤツデに触ってその音を確認する子どももいます。ひとつの葉に対する関わり方はさまざまです。

葉っぱと光に対する日々の興味から

　この取り組みは、何の脈絡もなく、「葉っぱの活動をしよう」とはじまったものではありません。保育室のベランダから出た先には、さまざまなかたちの葉っぱが見えています。子どもたちはよく、先生に抱きかかえられながらそれを見て、「はっぱぁ」と言っていました。先生たちがそうした葉っぱへの興味を拾い、葉っぱの探究が生まれたのです。

　実は、葉っぱの探究の前から、もも組では、光についての探究活動を展開していました。子どもたちは発見と実験をすでに実践していたのです。夕方になると西日が差して、午睡室のモビールの影が壁に映ります。子どもたちはその影に興味を抱き、積極的に手を伸ばしていました。また、園庭にある丸い穴の開いた門の影が、子どもたちに斑点模様となって映った時にも、関心をよせていました。子どもたちどうしの位置関係によっては、その影が生まれたり消えたりします。驚くべきことに、子どもたちは、「あった」「ない」と声を出しながらそれを見ていました。影のできるしくみに気づいていたのです。先生は「今は自分のからだに映るものを楽しんでいるようだ」と捉えました。探究活動があって初めて気づくようになった子どもの知的な姿です。

子どもと同じ目線で探究する

　0歳の子どもたちの姿を通して、先生たちも子どもたちと同じ目線で楽しむだけでなく、探究ということを意識するようになりました。子どもたちの「初めて」の経験や発見に対して、今までだったら「そうだね」とどこか表面的に応えていましたが、探究活動を通して、自分自身も探究するようになったと先生は語ります。

　「こう思っているのかな？」と予測して声をかけることで、子どもの発見に寄り添うことができるからこそ、子どもたちも発見したことをたくさん伝えてくれるようになります。何かを見つけたら「あった」と言います。ちょっと気になることがあったら、手を引いて連れて行ってくれます。

1歳児の探究

屋外で自然光と出会う

　1歳児クラスのちゅうりっぷ組の光の探究は、6月、園庭のぶどう棚のそばで、自然光に触れることからはじまりました。子どもたちを包むことができるくらいの大きなカラーセロハンと、子どもたちが手で持つことのできる小さな四角形のカラーセロハンが用意されました。子どもたちは、カラーセロハンを触って感触を感じたり、音を聴いたり、先生が持ち上げた大きなカラーセロハンの下にもぐったりして楽しみました。

　この探究活動の後も、子どもたちは、光への興味をもち続けていました。保育室の横のテラスの水の上に光が反射しているのを見つけて喜んだり、保育室に入ってくる自然光を使って先生が手

でつくった犬やキツネの形の影を見つけて触ってみようとしたりしました。

屋内で人工の光と出会う

　光の探究は、秋、懐中電灯の光に触れることから再開しました。子どもたちは、白い布でおおわれた机のまわりに集まります。まず、アトリエ・コーディネーターの先生が、光について話をしました。子どもたちの期待が高まります。先生が懐中電灯のスイッチを入れると、机の上の白い布に光の円があらわれます。子どもたちは一瞬止まった後、いっせいに光の円のふちを手のひらで触ったりたたいたりして笑い出します。光は触れることのできないものですが、子どもたちは、光に触

れることによって、その存在を確かめようとしているようでした。

次の回では、卓上ライトを使った探究活動が行われました。保育室の壁面に白い布を貼り、卓上ライトの光を当てます。子どもたちは、卓上ライトの光や、光が生みだす自分たちの影に、強く惹きつけられていました。

さらに、ライトテーブルを使った探究活動も行われました。子どもたちは、ライトテーブルの上にたくさんのモノを載せたり並べたりして楽しみました。ホールでOHPを使ってさまざまなモノを壁に映してみたこともありました。

子どもたちは光の探究を「ぴかぴかやる」と表現していました。子どもたちは、自分から光の探究をやりたいと言うようになりました。光の探究ができないことが悲しくて泣き出す子どもも出てくるほどでした。

保育者としての楽しみと学び

担任の先生は、最初はどうしたらよいのかわかりませんでした。子どもたちにどう声をかけていいか迷い、邪魔にならないようにしていました。しかし、アトリエ・コーディネーターの先生から促され、積極的に探究に参加するようになりました。子どもたちが楽しんでいる活動に参加し、自分自身も徐々に楽しむようになったのです。

そうすると、光の探究は、保育者としての学びの場へと変わっていきました。たとえば、素材として、光を透過する透明なモノや半透明なモノだけではなく、光を反射するモノを用意するというアイデア。担任の先生にとって、光の反射をテーマとした光の探究という発想は、意外なものでした。

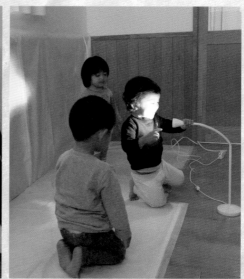

子どもの変化に気づくこと

　少人数による探究活動の良さは、子どもたちの
声を拾いやすいことと聴きやすいことでした。少
人数だと、子どもたちはゆったりと遊ぶようにな
ります。その様子を見ながら、この子はどんな遊
びが好きなのかなと、余裕をもって考えることが
できるようになりました。

　探究をとおして変化した子に、ユウさんがいま
す。ユウさんは、月齢が一番低い子です。4月の
入園当初は、気持ちを切り替えることができず、
一日中ずっと泣いていました。しかしある日、ユ
ウさんが一人になった時に光の探究を行ったとこ
ろ、笑顔がみられました。その後ユウさんは、光
の探究を「ひかり」や「ぴかぴか」と表現するよ
うになり、「ひかりやる」や「ぴかぴかやる」と
言うようになりました。

2歳児の探究

光と影の性質を探究する

　2歳児クラスのすみれ組の光の探究は、主に屋内で行われました。3、4人の子どもたちとアトリエ・コーディネーターの先生は、最初に小さなテーブルの周りに座って話をします。「光って知ってる？」「光ってどこにある？」という先生の問いかけに、子どもたちは「お月さまにある」「あそこ（天井を指さす）」「キラキラ（保育室にある銀紙を指さす）」「携帯」などと答えます。

　話し合いがはじまる前に、先生は、白い布を保育室の角の壁と床に貼り、光と影がはっきり見えるようにしておきます。先生は最初に懐中電灯、数週間後には卓上ライトを用意しました。子どもたちは、白い布と光源の距離を自在に操り、明るくなる範囲が変化することを確かめています。

　光の探究がはじまった時、子どもたちの意識は

まず、光源とその光源の落とす自分たちやモノの影に向けられました。子どもたちは、立つ場所によって自分の映る影の大きさが異なることを、身体を通して知っていきます。その後先生は、カラーセロハンや折り紙などさまざまな素材を用意し、1つずつ子どもに選んでもらいます。子どもたちはそれを光に透かしたり光源に直接当てたりして、光の変化を楽しみます。黄色の折り紙を光源に当てると、その光が黄色になりました。それを発見した子どもの隣にいた子どもが、光の色の変化に気づいて光源を覗きはじめます。

　数週間にわたる活動の最後に、先生は壁に白い布を貼り、大きな透明のテープを用意しました。子どもたちは、大きな透明のテープに、カラーセロハンや折り紙、散歩の時に拾った落ち葉を貼りました。落ち葉を光に照らすと、葉脈や表面の細

かい斑点も見えるようになります。先生に「点々見えるね」と声をかけながら葉っぱをじっと見つめる子もいました。

「赤がいい」「(葉っぱを手に持って)ちっちゃい」など、子どもたちは自分の希望や気づきをはっきりと言葉にしながら、限られた素材とシンプルな環境の中で、長い時には30分近く集中して、光の世界に親しみました。

子どもたちの新たな姿

すみれ組の子どもたちは、1歳児クラスの時から、卓上ライトと懐中電灯を用いながら、セロハンや紙といった素材に触れる探究を行っていました。その頃は、「きれい」「ぴかぴか」といったシンプルな言葉やオノマトペが子どもたちの言葉の中心でした。2歳児クラスになると、語彙が増え、「影ができた」「光が重なって青と緑になって緑になっているんだよ」といったように、影の存在や光の色の重なりについて教えてくれるようになりました。それまで先生は、子どもたちと一緒に光を楽しんでいましたが、次第に子どもはどうしたいのだろうと考えるようになりました。

先生の印象に残ったこの1年間の子どもの姿は、言葉の変化だけではありません。今までは、たとえばセロハンのような一つのモノと自分という関係があったのに対して、多種多様なモノと自分の複雑な関係が生じました。セロハンとほかのモノを一緒に使ったり、光を通すカラー積み木と鏡をあわせて使ったりするようになったのです。

環境の重要性への気づき

　すみれ組の子どもたちは、主に屋内で光の探究を行っていましたが、秋にはテラスを使うこともありました。屋外でテラスに届く太陽光は、卓上ライトや懐中電灯の光と異なり、最初からそこにあるモノです。テラスで光の探究をはじめた子どもたちは、「暑いね」「まぶしいよ」「ここまぶしくて、バアってなっちゃった」と、新たな環境における光について、次々と言葉で表現しました。

　「すみれ組の子どもたちは、好奇心旺盛です。光の探究のためのスペースを用意していると、「今日やるの？」「光やるの？」「セロハンはどこにあるの？」と特別なワクワク感が湧いている姿を見せてくれました。

3歳児の探究

光と「かげ」

　3歳児クラスのれんげ組では、夏に保育室の一角にミニアトリエをつくり、光の探究コーナーにしました。保育室の4分の1ほどのスペースに大きな白い布をつけて、素材を置き、ライトを当てて影をつくりました。初めての探究活動に子どもたちは興味津々で、大勢集まってきて、少人数の活動というわけにはいきませんでした。

　最初、子どもたちの興味は光よりもライトや透明なアクリルブロックに向いていました。しかし、ひとしきり素材や道具を自分で触ると、「あっ、ここにひかりがうつってるぞ」といった気づきとともに、徐々に視野を広げていきました。

　水の影についても、子どもたちと探究しました。水を透明なアクリル板の上に垂らして、上から光を当てると水の影ができます。それを見て、子どもたちは、「おばけ」「ちず」「くも」などと表現しました。

　9月と10月には、少人数のアトリエ活動を行いました。最初は、OHPを見たり触ったりしました。その後、スクリーンの布を垂らし、そこに写る影で遊びました。

　子どもたちが混色に興味をもったので、光と色をテーマにした活動を行いました。透明なセロハンに絵の具で描いて、トレース台の上に乗せます。トレース台の光をつけて、どのような見え方をするのか……。

　水分を含んだ絵の具でセロハンに描くので、絵の具はセロハンにはじかれて定着せず、描かれる世界は流動的に変化していきました。また、描いた後のセロハンをパタンと折ることで、気泡のようなものが生まれました。これをじっくり観察し

ている子どもの姿もありました。

　子どもたちは光の探究が大好きで、とてもじっくり取り組んでいました。光という素材自体にも魅了されたのでしょう。アトリエという特別な空間で、普段できない活動ができたこと、そして、少人数の活動だからこそ、じっくり大人たちが話を聞いて自分を受け止めてくれるということも、子どもたちがアトリエ活動を大好きになった理由です。

発見と想起の時間

　少人数のアトリエ活動は、先生たちにも影響を与えています。園では「みんなで動けること」や「まとまりがあること」がすばらしいと思われがちです。「さぁ、みんなで〇〇〇だ！」という時間は多い

のです。しかしアトリエ活動は、可能な限り少人数の活動を設定します。その経験は、子どもたち一人ひとりとじっくり関わる時間も大切であることを思い出させてくれました。

　たとえば、集団の中にはしっかり者の子がいます。その子は集団の中ではしっかり話を聞いて、周りをよく見ています。個別に言われなくても支度も早くできます。そのような子の一人であるミドリさんがアトリエ活動で見せたのは、現実と空想が交差する彼女の世界を語り続ける姿でした。

　アトリエにいる子どもたちの姿は、自分を出し、輝いています。集団の中にいると、周りに配慮して「今はちょっと待とう……」と思ってくれている子もいるのかもしれません。自分を出すのも、集団で理性的に行動するのも、どちらも子どもの本当の姿です。しかし、アトリエ活動に参加する

　ことを通じて子どもたちが教えてくれるのは、子どもたちの個性は多様であり、一人の子どもの中にも多様な側面があるということです。一人ひとりとじっくり関わる時間をつくることで、子どもたちの面白い一面、意外な一面を発見し、それがいとしさにもつながります。

　少人数のアトリエ活動は、先生たちにとっても癒やしの時間でした。アトリエの空間では、落ち着いて子どもたちと関わることができるからです。アトリエは先生が自分をとりもどすことのできる時間とスペースをくれたのかもしれません。

4歳児の探究

光と「きもち」

　4歳児クラスのつくし組では、気持ちについて考えること、自分の気持ちと対話する機会をつくることをテーマにして、光と「きもち」を関連づける探究活動を行いました。

　まず、OHPで和紙のスクリーンにさまざまな素材を映し出せるように環境を整備しました。子どもたちは、最初、OHPのレンズをのぞき込んで楽しんでいました。OHPの機械自体に興味があったのかもしれませんし、使い方を探っていたのかもしれません。

　続く活動では、卓上ライトを3つ使い、アクリル積み木やアクリルボックスなどを重ねて、ライトで照らし出しました。3つのライトを使うことで、影が複数できます。子どもたちは影の幅、色、高さの違いに敏感に気づいていきました。ライトが向けられていない素材にライトが写りこんでいるのを見て、「光がバウンスしてる」と表現している子もいました。

　その後、動物フィギュアを使い、光と「きもち」の探究活動をはじめました。動物フィギュアを使ったのは、子どもたちからのリクエストがあったからです。それに加えて、動物を通して物語をつくることで「きもち」の探究活動に向かいたいという意図もありました。

　ある子どもは、ブタのフィギュアを使って旅をする物語をつくりました。旅の途中で穴に落ちたり、雪の世界へ行ったり、砂漠の中を歩いたりします。そこに、友だちが別のフィギュアを登場させて、ブタに出会うという物語です。友だちと物語を共有しながら、一緒に創り上げていく中に、

フィギュアの気持ちと自分の気持ち、また友だちの気持ちが交錯する瞬間がありました。

　他にも卓上ライト、ミニシアター、WEBカメラを使って、壁の白い布に映し出せるように準備をしました。これらの道具を使うと、シアターにつくった世界を布に映し出して、その中に子どもたちが入っていくことができます。自分たちでつくった世界の中で踊る子や、映し出された世界を触っている子がいました。

　コウセイさんは、オクトンズ（切れ込みの入った八角形の透過性のあるカラーブロック）でつくった恐竜を布に映し出したいのですが、どうすれば映し出せるのかがわかりません。恐竜の置き場所を変えたり、布の前に持ち上げたり、卓上ライトを当てたり……。ところが何気なく机の上に置いたら、布に恐竜が写し出されました！友だち

がWEBカメラを恐竜に向けていたのです。コウセイさんはWEBカメラを友だちから借りて、「そうか！」と気づきます。ついに、ずっと探していたやり方を発見したのです。

子どもも大人も夢中になれる空間

　保育室ではみんなで経験したことの絵を描いたり、折り紙で表現したりします。それに対してアトリエは、OHPやWEBカメラなど普段使わない道具を子どもたちが自由に使える空間です。子どもたちは、生き生きとしています。自分で何かを発見することで、受け身ではない活動ができます。そして、大人もわくわくします。

　アトリエは、子どもも大人も夢中になれる空間です。

じっくり関わる

アトリエ活動は、1回に3〜4人の子どもたち
とアトリエ・コーディネーター、担任で行います。
そこでは、先生が子どもたちとじっくり関わるこ
とができます。4歳の子どもたちにとっては、友
だちともじっくり関わる場となりました。

保育室には大勢の子どもたちがいて、子どもど
うしで話をしていても、横からほかの子が声をか
けてきて、気がそれてしまいます。しかしアトリ
エでは、ゆっくりと時間をとって、子ども同士が
伝えたいことを伝え合うことができます。これは、
少人数で探究活動をすることの1つの価値でもあ
ります。

気持ちの違い

アトリエ・コーディネーター……
「みんなはどんなきもちをもってるの？」
子どもたち……
「ねむいきもち」
「ごはんをたべたいきもち」
「おかあさんがわたしをうんだときの、おなか
　がいたいきもち」

子どもたちは、具体的な経験に基づいた気持ち
を教えてくれました。喜怒哀楽だけではない複雑
な感情を子どもたちがもっていることが、改めて
わかります。

「怒る」ことについて、面白い発見がありました。
子どもたちは、普段の生活の中で怒る姿をしばし
ば見せます。しかし「おこったことある人いる？」
と聞いても、「はい」と答える子はほとんどいま
せんでした。大人には子どもが怒っていると見え
ても、子どもたちは違う感情を抱いているのかも
しれません。

5歳児の探究

OHPの想像

5歳児クラスのたんぽぽ組の光の探究は、4月から7月にかけて行われました。

4月から5月にかけて、卓上ライトやOHPを使って、プラスチック製の光を通す半透明のおもちゃ、カラーセロハン、鏡といったさまざまな素材に光を当てたり、それらの影を白い布のスクリーンや壁に映したりしました。

光の探究を進めていく中でテーマとして立ち上がってきたのが、「OHPをつくる」ことでした。6月になると、グループごとにOHPの設計図を描きました。子どもたちは1枚の紙を共有して、設計図を書いていきました。みんなで一つの設計図を描くグループもあれば、バラバラの設計図を思い思いに描くグループもありました。

OHPの創造

設計図を描いた後は、さまざまな素材を用いて自分たちのOHPをつくりました。子どもたちは、段ボール箱やガラス瓶、プラスチックコップ、懐中電灯、カラーセロハンなど、自分たちが必要だと考えた素材を使って、自分たちの中でふくらませたOHPのイメージを形にしていきました。

子どもたちのつくるOHPは、実に多様でした。たとえば、実際の電球の位置と同じ場所が光るように、段ボール箱の中に懐中電灯を置いて光源にするグループもあれば、OHPの首の部分から出る光を再現しようとして、段ボール箱に筒を取り付け、その上に懐中電灯を入れたプラスチックのコップを配置するグループもありました。

子どもたちは、30分程度の活動を2回行う間に、

独創的な設計図を描き、表現されたOHPのイメージを物理的に具体化しました。大人にとってのOHPは、光と鏡の性質を用いて、天板に置かれたモノの影を拡大して投影するものです。しかし、子どもたちにとってのOHPは、そのような実用上の装置にとどまるものではなく、想像力をかきたてられる複雑で不思議な機械でもありました。

探究活動を通した保育者の気づき

光の探究を進めていく中で、クラス担任の先生は、いくつか気づきを得ました。

一つは、いつもは子どもたちの活動を先回りしていたということです。そのことに気づいた結果、光の探究はもちろん、普段の保育においても、子どもたちの活動を先回りしないようにという意識が生まれました。

もう一つは、子どもたちの遊びを普段はきちんと見ることができていなかったということです。光の探究の中では、子どもたちの良いところを発見できたり、子どもたち一人ひとりがどういうことを考えているのかをしっかり見たりすることができるようになりました。

また、子どもたちは、大人の固定観念には縛られずにOHPを使います。大人にとって、OHPの天板は、文字や絵を描いた透明なシートを載せる場所です。しかし、子どもたちは、OHPの天板に、カラーセロハンやビー玉などを載せて、楽しそうにながめていました。OHPの天板を小さなライトテーブルのように使っていたのです。そんな子どもたちの姿を見て、クラス担任の先生は、自分が固定観念にとらわれていたことにも気づきました。

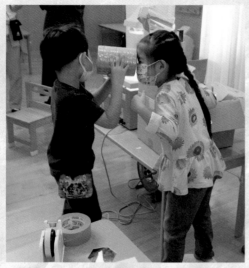

少人数の探究活動の魅力

　クラス担任の先生にとって、光の探究以前に取り組んだことのある少人数の活動は、製作活動ぐらいでした。光の探究に取り組む中で、大勢の子どもがいると目立たない子の意外な姿に気づくことができたといいます。

　少人数の探究活動は、一つの目的や一つの素材を共有する時間、子どもたちが顔を突き合わせて同じ目的に向かっていく時間です。それは、いろいろなおもちゃを出して大勢で遊ぶのとは、また違う楽しみのある活動です。

OHP の そうぞう と そうぞう

4月からの約3か月間、5歳児クラス22人と行った光の探究。OHP、卓上ライト、懐中電灯とさまざまな光源を用いて、素材の像や影をスクリーンに投影しました。

「このきかいはなんだろう」「どうしてこんなにひかっているのだろう」

光に触れ合うにつれて、強い光を発するOHPへの興味が強くなりました。子どもたちはOHPから生まれる光の道筋を想像し、OHPの設計図を描き、OHPを創造しました。視線の先にはいつもOHPがありました。

色に触れる

「うみだ、これぴったり。つめたい。なにいろがいちばんいいとおもう？ぼくは、あおがいい。おちつくし、きれいだし、あざやか」

OHPに青・赤・黄のセロハンを載せて、それぞれ水・炎・レモン汁と表現していたじゅんさん。赤いシートをさわって「あつい！」と叫び、青いシートをさわって「つめたい」とほっとした様子。この様子を見ていたカズヤさん、「あかいほのおが、あおいのをけそうとしてた」と一言。

ひかりのひみつ

OHPで写した像が、スクリーンの裏側から見ても見えることに気づいた子どもたち。「スクリーンの裏側から当てたセロハンは、前から見たら見えるのかな」でも、セロハンを裏側にくっつけても見えません。OHPに載せたものは見えるのに、スクリーンの裏側にくっつけたものは見えない……その時、OHP側には光があるのに気づきました。裏側からも懐中電灯を当ててみて、大満足。

「ふたつからひかりがあれば、みえるんだね」

OHPをつくるためには「電気、黄色いセロハン、コップ？」「電池」「鉄、木、プラスチック、スイッチ」「プラスチックのガラス」

OHPは何でできているかな。じっくり観察して、自分の知っているものの中から材料を考えます。

ぼくたち、わたしたちのOHP

　自分たちで設計したOHP、完成させるには工夫が必要。つくったレンズをどうやって本体にくっつけようか。

　「ボンドはどう？」「くっつかないや」「じゃあ、ロープは？」「長さが足りない」「麻ひももあるよ」「わあ、くっついた！」

　段ボールはどうやって切ろう？

　「これでいいんじゃない？」

　ボールペンで切ることに決めた３人。

　「がんばって！」仲間からの応援を受け、ひとつひとつの穴をつなげることで段ボールを一周切りました。

　こちらのグループは、アームを立たせるのに苦戦中。養生テープ、ガムテープ、ロープ……何を使っても倒れてしまいます。

　「もう終わりか、これ」「ぼくは、４人がいい」諦めそうになったけれど、仲間の言葉で最後までがんばりました。

完成し終えて

　「おれ、達成感あったぜ」「今日はがんばった。あー、すっきりしたって思った」「ひかりってたのしい」

設計図をかこう

　「どういうOHPがいいの？みんながいいOHPをかかないと。みんながいいきもちになるOHPにならないと」

　設計図を書きはじめた子どもたち、ついつい夢中になって、どんどん書いていきます。その様子に、１人の子が泣き出してしまいました。はっとするみんな。お茶をあげようか、どうしようか。考えた結果、その子の好きな絵を描いてプレゼントすることにしました。プレゼント用の紙に描いたのは、新しい設計図。笑っている顔を描く？やじるしは何個？ビー玉も描きたいな。みんなが嬉しい設計図の出来上がりです。

　他のグループでは、

　「どうしてしめないの？」「ふたしめると、ひかりがみえないよ」「ひかりはでるけど、ふたもしまるようにしたい」「コードもいるんじゃない？」

　だんだんと、理想のOHPが形になってきたようです。

第4章

アトリエを考える

4-1　アトリエの考察

カンチエーミ 潤子

はじめに

　「アトリエ」と聞くと、多くの人はさまざまなイメージをもつと思います。日本では「工房」的なイメージがあるかもしれません。たとえば、ガラス工房、革製品を扱うバッグや靴の工房、ドレスのデザイナーの工房、最近では酒工房やワークスペース、あるいは陶器の窯元とでもいうのでしょうか。「アトリエ」はフランス語に由来し、アーティスト、職人、デザイナーのスタジオであり、作成するためのプライベートなスペース、創造性のスペースを意味します。18世紀ヨーロッパのパリにあるアトリエは、多くの芸術家が集い、芸術家の創作の場であると同時に出会いの場、政治・社会・文化についての対話の場として活動していました。

　先日、レッジョ・エミリア市での研修の機会で、アトリエリスタは、スイスの画家パウル・クレーのアトリエのイメージでたとえていました。クレー氏のアトリエの物理的空間内には、多くの材料とツールが関係している当時のアトリエの重要なイメージが表れています。アーティストは、アトリエでさまざまなツールや素材を使用して、また、新しいツールを発見しながら、アイデアを試すことができました。

　こうした由来をもち、「アトリエ」という言葉は比喩としてレッジョ・エミリア・アプローチで選ばれました。子どもたち（および大人）の心と手が活発に活動できる比喩的な空間であり、コミュニケーションの発達とさまざまな表現方法をサポートし、学びを組織化する場でもあります。「100の言葉」は、子どもと大人に百、千の創造的なコミュニケーションの可能性を認める比喩としてだけでなく、概念の構築と理解の統合のための戦略であり、すべての表現方法を比較することなく、受け入れ、すべての「言葉」の尊厳と重要性を表し、価値を与える宣言でもあると考えられています。

　私は、知識を構築するための多くのツールや素材を使って、アイデアを試すための創造性と想像力の場所としてのアトリエの根底にあるこの意味を考慮することが重要であると考えています。ローリス・マラグッツィ氏は、このコンセプトを念頭に置いて、アトリエが物事へのアプローチの新鮮さと独創性を保証する役割を果たしてほしいという願いを込めて、乳児保育園や幼児学校のアトリエに使命を託しました。

　「それは思考のための複雑さと新しいツールを生み出しました……それは子どもたちの

異なる言葉の間で豊かな組み合わせを可能とし、創造的な可能性をもたらしました」(ローリス・マラグッツィ)

　マラグッツィ氏は1960年代から園にアトリエを導入しており、可能な限り、政府による組織への削減要求から守り続けました。

アトリエの文化

　マラグッツィ氏は、教育的思考に新しい方向性を与えるビジョンをもっていました。アトリエとアトリエリスタ(芸術のあらゆる側面の専門家)を園に導入することによって、象徴的なコミュニケーションのさまざまな方法が、新しい重要性と教育的および文化的価値をもち、芸術の文化が教育学と対話して新しい教育学へと構築されました。アトリエの空間、または概念を乳幼児期および初等教育で検討する場合、アトリエを別個の存在と見なしてはならず、アトリエがカリキュラム内に位置し、カリキュラムと密接に織り合わされていることが重要です。したがって、「100の言葉」を教育的文脈から切り離すことはできないのです。アトリエは、技術やスキルを教えたり、他のアーティストの作品をコピーしたりする物理的な空間とは見なされない意味合いをもっています。道具を表現手段として解釈し、素材や道具の可能性を提供する空間と考えたほうがよいでしょう。

　アトリエは、過去と現在の両方における芸術から多くの提案を取り入れていますが、現在における状態で完成作品として見ることはできません。むしろ、繊細なアンテナをもった芸術家がその作品を通して私たちに与えてくれる提案を、私たちが把握していくという過程が大切なのです。

たとえば、ヴェア・ヴェッキ氏の著作『レッジョ・エミリアのアートとクリエイティビティ』に書かれてあるのは、モネの睡蓮からは日中の光の質や変化、イヴ・クラインの作品からは色がどのように歌い、表現されるか、そして、ルイジ・ギリの写真からは、形や概念がいかに抽象的で、色がどのように有彩色の音楽になるか、といった考えです。

　したがって、アトリエは、革新と研究のための場となり、革新的な教育学の考えのために存在しています。思考のための新しいツールを子どもたちがもつ「100の言葉」を通じて、豊富な組み合わせを可能にし、創造的な可能性をもたらす教育の場の本質であるという意味で、学校内の不可欠な要素といえます。

教育の文化

　アトリエの概念の枠組みには、詩学、審美性、認識論、倫理に関する議論が含まれます。したがって、アトリエの文化には、教育学との対話がなければ、アトリエの概念は貧弱であるとヴェア・ヴェッキ氏は語っています。

　レッジョ・エミリア・アプローチは、認識論として「もし学校文化が、知識を構築するための重要な要素として詩的な言葉と審美的側面を歓迎したとしたら、学びと教育のプロセスはどのように修正され、豊かになるでしょうか?」という課題を私たちに問いかけます。これは抽象的な概念ではなく、レッジョ・エミリア・アプローチは、この概念を乳児保育園や幼児学校内で現実のものにしました[1]。

　1970年代には、教育、科学、哲学、認識論、および芸術を通じて、知覚の理論に関する知識について理解が大幅に向上したことを、レッジョ・エミリアでの研修で学びました。アトリエは、知識の構築をより深く理解する必要性を与え、学際的な考えに意識をもち、共同参加、連帯、ユーモア、優しさ、恵み、美しさのつながりを考えさせてくれます。

　アトリエは、伝統的な活動に専念する別の分野としてではなく、探究と調査の手段として視覚表現に焦点を当てます。異なる経験と「言葉」の間の架け橋と関係を構築し、認知を維持するために、視覚表現を選択しました。そして、さまざまな知識分野の分離ではなく、接続に取り組んでいる教育学的アプローチとの絶え間ない対話の中で、互いに密接な関係にある表現プロセスを大切にしてきました。アトリエは、表現、創造性、審美性の重要性を宣言し、理解と意味に対する幅広い人間の探求を与えてくれる考えです。

　アトリエは、学びの性質に関する研究を支援し、知識がどのように共同構築されるか、

---

1) The Hundred Languages of Children, 2012, p.296

学びが認知的であるだけでなく、感情的であるという認識論への継続的な好奇心に大きく貢献しています。アトリエで使用される表現力豊かな「言葉」は、自然で不可分な方法で感情と共感を合理性と認識に織り込みます。現実へのより豊かなアプローチであり、学びに対するより広く、明確な視点の形成へと貢献します。ヴェア・ヴェッキ氏は、知性が感情から切り離される脅威を思い出させ、「知的な心」をもつことがどれほど重要であるかについて語っています。

アトリエの機能

　アトリエには2つの機能があります。第一に、表現力と組み合わせの可能性を秘めた多くの多様な素材を探索できる、興味深く魅力的な文脈に子どもたちが出会うことを可能にする空間です。同時に、理論を実際に応用するための場所ではなく、デザイン的思考（プロジェッタツィオーネ）の内として機能する場所として、アトリエを理解する必要があります。子どもたち、教師から共有されているものに価値をもたらす方法であり、私たちの知覚を通じて知識を獲得するのに重要とされています。つまり、さまざまな分野から構築された知識です。

　第二に、大人が子どもの学びのプロセスを理解するのに役立ちます。アトリエは、子どもたちの表現の自由、認知の自由、象徴的な自由、コミュニケーションへの道の自律的な手段をどのように理解するのに役立ちます。つまり、伝統的な教育のアイデアを揺るがすことも与えてくれるのでしょうか。「100の言葉」が学問分野と同様に不可欠である考えをもち、学びのプロセスと子どもたちの学習体験をより完全なものにすることをレッジョ・エミリア・アプローチは共有しています。

　学校での日常生活の中ではさまざまな会話が生まれ、子どもたちの声は会話の文脈の中に含まれ、異なる視点を共有し続けてくれます。レッジョ・エミリア・アプローチは、社会構成的な観点から、「100の言葉」を通じて、大人の間、および大人と子どもの間の知識の循環を促進する方法を深く研究しています。会話は、主題を構成する概念を理解するための一連の言語的、または非言語的交換と見なされます。会話の循環を通じて、より多くのリソースが活用され（「100の言葉」を介して）、より多くの違いが存在し、物事、仲間、大人とのインタラクティブな可能性が提供されます。ローリス・マラグッツィ氏の考えでは、会話の循環は選択肢と経験のネットワークがより豊かになり、必ずしも一方向ではない、と共有しています。アトリエは、会話の循環において知識の循環を豊かにする重要な役割があります。

日本の文化と審美性

　アトリエの考察では、日本の文化と歴史を振り返り、審美的意識をもてるように考え
させてくれました。例として茶道があります。茶道は、審美的側面が学びにとっていか
に重要であるかを伝えてくれます。というのも、審美的とは、美しいだけでなく、感性
や気遣いの態度をもつことも意味しているからです。細部へのこだわり、驚き、好奇心、
感情、そして、参加する心。私はしばしば、茶室の空間をアトリエとして捉えることが
あります。それは、さまざまな素材や道具に囲まれ、私たちが人間である心を取り戻し、
シンプルさと不要なノイズの排除を通じて美の豊かさを理解させてもらう場です。同時
に、シンプルさの中に厳密なディテールと注意を取り入れた空間でもあると感じていま
す。まさしく、ヴェッキ氏が語る「賢い心」をもてる空間と感じています。

　そのような文脈の中で、提案の価値によって示されるように、審美性に価値が与えられ、
私たちが行う一つひとつの行動に重要性が与えられます。床の間の花瓶に生けられた一
輪の花などは、見る人に想像を完成させる機会を与えてくれます。ある意味で「からの
空間」であり、そこに入って自分自身で美的感情を完全に満たすことができると思います。
子どもたちと一緒に過ごす時、子どもたちが知性と感情で理解したことを自ら把握する
ための機会を提供することは、大人としての私たちの役割であると常に思っています。
レッジョ・エミリア・アプローチのアトリエは、この側面、つまり「審美的振動」が学
びの活性化因子であり、主な読み書きによる表現方法を減少させるのではなく、それら
の言葉がコミュニケーションをより豊かにする方法を共有していると思います。

多くの乳児保育園や幼児学校では、アトリエを作成するための物理的なスペースもなく、子どもたちの話をよく聴き、教師と協力して学びを深めていくアトリエリスタの存在がないという状況も理解しています。しかし、アトリエが学校内に存在するだけで新しい教育法が生まれるとは保証することができないと思います。子どもたちの思考は、周りの世界との新しい関係と可能性を常に感じていると思います。子どもたちは、アリが穴に這い入ったり、空の雲を見たりするなど、周りのすべての出来事を注意深く観察し、不思議に思い、五感を通じて傾ける能力をもっています。

　アトリエの考慮事項には何が必要とされるのでしょうか？アトリエの精神は、私たちの心と心像に宿っていると思います。そこでは、渋谷保育園の取り組みのように、光と影などの異なる要素との接続と関係を求める感度と感性を備え、身のまわりの出来事や物事に感情を込めて耳を傾けることもできます。アトリエでは、さまざまな形で美を鑑賞し、子どもたちとどのように過ごしたいか、園や学びの過程に新しい見方をもたらし、私たちの選択を考慮し、「100の言葉」を活気づけ、可視化し、またその「言葉」を通じて毎日の生活の中で、子どもたちと共に学びを共同構築し続けていける、集合的空間であるという願いを秘めています。

参考文献
The Hundred Languages of Children : The Reggio Emilia Experience in Transformation, Carolyn Edward, Iella Gandini, George Forman, Editors, In collaboration with Reggio Children an dInnovations in Early Education : The International Reggio Exchange, Prayer, 2012, California, USA
Art and Creativity in Reggio Emilia : Exploring the role and potential of at eliers in early childhood education, Via Vecchi, Routledge, London and NewYork, 2010
Professional Development at the Loris Malaguzzi International Center, 2023

4-2　家庭との関係の構築：
マリーナ・カスタネッティとの対話

2022年、レッジョ・エミリア市からペダゴジスタのマリーナ・カスタネッティさん（教師養成者：レッジョ・エミリア市立乳幼児教育機関、レッジョ・チルドレン）をお迎えし、津田純佳さん、渋谷保育園の先生、CEDEPのスタッフと対話を行いました。本節はその一部を再構成したものです。

> 0歳から6歳までの間に、自分と違う意見をもった人たちと出会って話すという機会はとても大切ですね。

マリーナ　私たちは幼児学校や乳児保育所で、子どもたちのために、家族とともに、プロセスを大切にする活動を行います。0歳から6歳まで、継続的にこの考え方を進めます。この間に、教育に対する価値観や教育哲学を広めていきたいと考えています。0歳から6歳までの小さい子どもたちと私たちが築く関係は、家族を離れて公の場に出る初めての体験になるわけですね。ですから先生やペダゴジスタなど、関係する大人たちが一つの線でつながるというか、一体になって子どもたちのために考えていかなくてはいけないと思います。

　私たちが力を入れてきたのは、私たち園にいる大人が、保護者から信頼を寄せてもらうということです。自分の子どもを預けるわけですから、その自分の子どもが一緒に時間を過ごす園の教職員に対して信頼を寄せてもらうということ。これは自動的に生まれるものではなくて、意識して築き上げるべきものです。そのために、子どもたちが園に通うようになる前に、まず私たちは保護者と話をする機会をつくります。家族のバックグラウンドや子どもたちについて、いろんなことをお互いに話しあって、理解しあえるようにします。この対話は、役所の書類上の面接のようなものではなくて、子どもたちの生に関わる人間的なものです。幼児学校でも乳幼児保育所でも、先生たちは常に、全てのグループ（クラス）の子どもたちの保護者と話す機会をもつようにしています。保護者同士で知りあうことも必要です。

　先生と保護者はお互いに、園の規則や組織といった情報を共有するようにします。それは、紙一枚のお知らせを家に送り付けるだけではなくて、実際に先生と保護者が会って話をしながら、お互いに理解を深めるということです。保護者に参加してもらうこと、家族と関係を築くことが、私たちのプロジェクトの重要な一部です。保護者が、自分の子どもの通う幼稚園や保育所がとてもよい環境にあることを知っていたとしても、一番大切で、なおかつ難しいのは、先生たちと信頼関係を築くことです。保護者と先生の信頼関係が築けていて、情報共有ができているならば、子どもが園に通いはじめるとき、先生たちはその子どもについての基本的な知識をすでにもった状態からはじめられます。こうしてグループの活動、グループの物語が日常の活動のベースとしてはじまっていきます。

　私たちは常に、子どもたちを個人として見ること、グループとして見ること、そして主体の間の関係を見ることに気を配ります。たとえば、保護者にグループ活動の記録を見せるときには、そのプロジェクトを紹介するだけではなく、環境のことやグループのアイデンティティということをわかってもらうようにしています。なぜならば、子どもはグループという小さなコミュニティの一員だからです。子どもたちが、自分はその園に、あるいはそのグループに属している、何かに所属しているという感覚を育てることは、非常に大切です。ですから、乳幼児保育所と幼児学校のすべてで言えることですが、先生たちがいかに日常的に子どもたちの様子をよく観察し、耳を傾け、子どもたち同士の関係などを把握しているかということがとても大切です。子どもはすべて、一人ひとり異なる存在ですから、とてもたくさん違う相違点がありますね。

　イタリアのスクールイヤーは9月1日にはじまりますが、それからの1か月か1か月半ぐらいの適応期間、すなわち最初に慣れるまでの期間を重視しています。この期間に、子どもたちにとって、初めて経験することがたくさん出てきます。ですから先生たちは、その期間は、特に注意を払って保護者とのコミュニケーションを密にしています。学校

にいる時間に、子どもたちはいろんなものを受け入れなくてはなりません。たくさんの人たちと一緒に何かの作業をしたり、一緒に食べたり、一緒に遊んだりという時間を過ごします。何かを食べること一つをとっても、子どもたちにとって非常にデリケートな問題です。今まで食べていた物とは味も違う、何だか様子も違う、そういった物を食べなくてはいけません。しかし、そうした経験を通して、一つの新しい活動を身につけていきます。これは、乳幼児保育所と幼児学校における教育のプロジェクトです。もっと上の学校に通うようになった時、子どもたちは、他の人と関係をつくること、自分を他の人たちと一緒に結び付けて考えること、そういう態度をすでに身につけているわけです。ですから、それは非常に大きな利点だということができます。

　子どもたちが今まで何をしてきたのか、どんな活動をしてきたのか、どんな人たちと出会ってきたのか、そういうことを知る上で、ドキュメンテーションは非常に大切で価値のあるものになります。私たちは、保護者もプロジェクトに巻き込み、一緒に参加してもらうようにしています。いくつかのドキュメンテーションの中には、保護者の発言も記録されています。私たちが保護者と築き上げる関係は、保護者に「こうしてください」と言うのではなくて、教育プロジェクトの中に保護者も一緒になって参加し、私たち園の側の人間と保護者とが同志として一緒に、対等につくり上げていく考え方が基になっています。

子どもに「光で遊ぶんじゃなくて、光で勉強するんだよ」と声をかける保護者が気になります。

マリーナ　そのように伝統的かつ従来型の物の考え方を強くもつ保護者もいます。そういった保護者に対しては、もちろん難しいことですが、日常の活動やいろいろな経験を通して、子どもたちに近い見方で物を見てもらえるようにしています。たとえば、「光は遊ぶものではなくて勉強するものだ」というのは、その保護者自身がもっている物の見方ですので、その保護者の見方を子どもたちの見方と同じ立場に近づけるようにします。

　日常の活動を通して、根気強くお話ししていくしかないかもしれませんね。「それは違いますよ」と言葉で反対しても、意味がありません。その保護者が言うことはとても大切ですし、よくわかります。科学的な見方ですよね。光がどのように機能するのかとい

うことを勉強するのは大切なことです。しかし、私たちは今、3歳や4歳の子どもたちの話をしています。子どもたちの発達の点から言うと、子どもたちの言うことに耳を傾けることが大切です。

　たとえばこの場合は、OHPの光とその光に照らされる物の関係を見るときに、子どもたちが疑問に思うこと、子どもたちが発見すること、子どもたちがプロセスをつくることに目を向ける必要があります。「こうやるんだよ」と教えるのではなくて、子どもたちの考えのプロセスに後からついていくということです。真っすぐに進むのではなくて、曲がったり、時には後退したりします。小グループの中で、一人ひとりの子どもたちがもつ疑問を集めて記録をとり、保護者と分かち合って理解してもらえるようにしていきます。「ほら、こういう価値があるでしょう」ということをわかってもらいます。そのため、母親だけではなくて父親にも園に来てもらうことが、とてもいい機会になります。

子どもだけでなく、保護者一人ひとりとも向き合わないといけませんね。

マリーナ　そのとおりですね。保護者が私たちに共感し、同志としての立場に立ってくれないと、私たちは大きな問題を抱えることになります。学校は「お店」のようなものではないので、「これは駄目だ」「これは嫌だ」と言われると困ったことになります。私たちには基本的な理念があって、毎日それに基づいて活動をしているのです。もちろん、保護者たちと話をするのはやぶさかではありませんし、いつでも扉は開いていますが。こういうことは日本だけではなくて、世界中で起こり得る問題です。

　保護者が、「うちの子どもはこういうふうにしてほしい」という要求をします。しかし、これは商品を買うのとは違います。単に「うちの子どもはこれをしなかった、あれをしなかった、あれが駄目だった」とかいったことではなくて、大きな理念として共感できるものの考え方をしていかないといけません。どういうものに価値を置くのか。自分の子どもだけではなくて、一人ひとりの子どもとその関係を見る必要があります。

　先生たちは、自分の仕事として、自分の教育のやり方について、言葉で語る必要があります。保護者やその他の人たちと、話ができるということが大切です。皆さんは先生で、ここは学校です。皆さんには、ここで仕事を毎日していく上で、また子どもたちとの関係を築く上で、学校の理念を子どもたちに伝える権利があります。ですから、先生たち

への研修や、先生たちの知識や知恵を高めていくことは、自分に自信をもつことにつながるという点でも大切です。

子どもたちがお互いの話を聴くということに、保護者があまり価値を置いていないように感じています。

マリーナ　家族を巻き込んでいく、家族に基本的な考え方を理解してもらうことは非常に大切です。そうでないと、自分自身を守るために閉じてしまう考え方になりがちで、その考え方はなかなか変わりません。しかし、世界から自分を孤立させることはできません。自分の家にいるときはドアを閉めれば一人になれますが、子どもの教育という話になると、孤立させてはいけませんし、孤立すべきでありません。

　今日、こうやってお話しできたことを、とても嬉しく思います。さきほどの保護者の話ではありませんが、私たち自身もこうして心を開いてお互いに意見を言い合えたのがとてもよかったです。勇気が必要です。頑張ってください。あとは楽観性も必要です。子どもたちも楽観性をもって育ってほしいと思います。

4-3　ともに学び、ともに生きるための
　　　想像力と創造性を豊かに支え育む実践に向けて

野澤 祥子

　本書は、子どもたちと探究を深めたいと考える保育者の方々に向けて作成されました。本書を読んで、どのような感想をもたれたでしょうか。ぜひ、アトリエや子どもたちとの探究について考えたことを周囲の方々と対話したり、生まれたアイデアを実践してみていただけたらと思います。

　本節では、対話の一歩として、渋谷保育園での筆者の経験や本書から感じたこと・考えたことを述べたいと思います。

豊かな子ども

　本書の「はじめに」で、探究において最も大切なことは、子どもの見方を「豊かな子ども」という見方へと転換することだと述べられています。「豊かな子ども」は、レッジョ・エミリアの哲学に触れたことがある方であれば、その中核にある考え方として耳にしたことがあるのではないでしょうか。筆者も何度も耳にしましたし、学んでわかっていたつもりでした。しかし、実際にこれまでの見方を転換するのは容易なことではありません。

　現場の先生方から「探究は年長児ならぎりぎりできるかもしれないけれど、小さい年齢の子どもたちの探究は想像しづらい」という声を伺うことがあります。筆者自身、0歳、1歳の子どもたちの探究と聞いても、あまり具体的なイメージがわきませんでした。しかし、渋谷保育園での経験から、子どもたちの探究の豊かさを実感することができました。

　たとえば、0歳児の「はっぱ」の探究では、0歳の子どもたちが葉っぱとかかわる際の好奇心、集中力や繊細さに心打たれました。0歳児はすぐに飽きてしまうのではないかというのは杞憂で、子どもたちは数十分の間、集中して葉っぱと多様にかかわっていたのです。葉っぱそのものが美しく、ちぎるなどすればどんどん姿を変えていきます。子どもたちと葉っぱのかかわりから、筆者自身もさまざまな葉っぱの姿に出会うことができました。大人にとっては当たり前のように思われる葉っぱの世界ですが、子どもたちの視線や身体を通して、新たに出会い、知り直すことができたように感じられました。

　私たちは知らず知らずのうちに、子どもについて固定したイメージを抱いているので

はないでしょうか。「乳幼児は探究できない」といったことは、大人による固定的イメージを表していると思います。こうしたイメージは、子どもを見るときに無意識に入り込んでくるものです。わかったつもりやこうだろうという決めつけは脇に置いて、好奇心と謙虚さをもって、目の前の子どもたちに真摯に耳を傾けることを意識していきたいと思います。

　しかし、それはただ受け身に子どもの表現を受け止めるということではありません。むしろ能動的な行為だと思います。０歳児クラスの先生は、「『こう思っているのかな？』と予測して声をかけることで、子どもの発見に寄り添うことができる」と語っています（112頁）。自分も探究の主体として、子どもたちとともに探究していくことが、「子どもたちの声を聴く」ということの中にはあるのではないかと感じています。

関係性の中での探究

　本書では、レッジョ・エミリアの哲学で「子どもは探究者・研究者」と捉えられていることが指摘されています。「探究者・研究者」というと、孤独に物事を究めようとする姿をイメージされる方もいるのではないでしょうか。筆者自身もそうしたイメージを暗黙の裡にもっていたように思います。しかし、本書で、子どもは他の子どもや大人との「関係性」によって豊かな存在となるということが述べられています。これはどういうことなのでしょうか。

　渋谷保育園の実践では、少人数グループでの探究活動が行われます。

　たとえば、５歳児のOHPの探究の活動が紹介されています。筆者自身は、活動の途中で「OHPをつくることなんて、できるのだろうか」と、内心不安に思っていました。OHPの複雑な仕組みを、子どもたちが一体どのように読み解いてOHPを製作するのでしょう。そんな筆者の心配をよそに、子どもたちは共同的な想像と創造によってこの難問を解決していったのです。

　できたOHPは、探究の産物であることがみてとれました。子どもたちは、OHPそのものをしっかりと見た上で、見えない部分を想像し、仮説を立てながら組み立てていきました。こだわりのポイントはグループによって違っています。あるグループは、天板を透明のセロハンにして、台の中が見えるようにし、カラフルなセロハンで覆った光源をその中に配置していました。天板は光が反射して虹色の光が見えるという観察を表現したように見受けられました。また、あるグループでは、台の中にさまざまな色のセロハンをたくさん詰め込みました。しかし、子どもたちは、天板は閉まっているものとい

う理解から、段ボールの蓋を閉めました。そのため、台の中は見えなくなってしまいました。傍らで見ていた私は「見えなくなってもったいない」という気持ちになったことを覚えています。しかし、後で改めて考えてみると、「はっきりとは見えないけれど、実は中に光の源が詰まっている」という子どもたちの考えが表現されたのではないかと思いました。

5歳児クラスの担任の先生は、少人数の探究活動のことを、「一つの目的や一つの素材を共有する時間、子どもたちが顔を突き合わせてみんなで同じ目的に向かっていく時間」と表現しています（127頁）。言葉や行為で表現されるお互いのアイデアを活かしあい、葛藤や試行錯誤をしながら探究を深めていくプロセスは、とても豊かなで魅力的なものでした。そこでは、日常の自由遊びで自然発生するグループとは、異なる関係性や子どもの姿が生じていたようです。もちろん園での日常の遊びはきわめて大事なものですが、探究活動では、それぞれの子どもたちが、自分の関心をじっくりと探究するとともに、一つのテーマや目的に向けて、互いの行為やつぶやきに耳を傾け、アイデアを交流し、協働する姿がありました。

このように探究活動では、子どもたちと先生たちの関係性の中で、さまざまなアイデアが表現され、それが組み合わさって、より豊かな知が生まれていくのだと思います。

子どもたちにとってのアトリエ

渋谷保育園の子どもたちや先生にとって、アトリエはどのような場なのでしょうか。

本書では「子どもたちも先生も予測できない出会いを喜び、心と体をとおして思考し、冒険することそのものがアトリエです」と述べられています（14頁）。アトリエは、作業するための「場」のイメージがありますが、探究の活動そのものもアトリエだと指摘されています。渋谷保育園の子どもたちは、アトリエで行われる活動について、「たんきゅう」という言葉をいつのまにか日常的に使っていました。子どもたちにとってアトリエでの探究が身近であり、かつ特別な活動として認識されているように感じます。

　アトリエでは、じっくりと対象に向き合ったり、先生や子ども同士で対話する時間が保障されています。子どもの集中が予想以上に長時間続くことに驚くことも多くありますが、時間の設定は活動の内容によって違っています。いつも長時間というわけではありません。凝縮された一瞬の中に驚きや発見がたくさん詰まっているように感じることもありました。

　たとえば、3歳児クラスの光と影の探究では、水を透明なアクリル板の上に垂らして、上から光を当てるとできる「水の影」との出会いがありました。子どもたちは「水の影」という言葉を不思議に思ったり、実際にできた水の影に心動かされたり、水の影をさまざまなものに見立てて表現をしたりしていました。水を垂らして光を当てた瞬間の、水と光と影の関係性が、美しさと不思議さをもたらし、一緒にそれを見る子どもたちの心が動いた瞬間を感じ取ることができました。

　3歳児クラスの担任の先生は、「アトリエという特別な空間で、普段できない活動ができたこと、そして、少人数の活動だからこそ、じっくり大人たちが話を聞いて、自分を

受け止めてくれるということも、子どもたちがアトリエ活動を大好きになった理由です」
と語っています（120頁）。そしてまた、アトリエに行く時は、先生も「よしっ！　じっく
りやろう！」という気持ちになるとのことで、少人数のアトリエ活動を「癒しの時間」
と表現しています。日常の生活では、さまざまな出来事が同時的に起こります。日課を
こなしていかなければならない面もあります。慌ただしく過ぎていく日々の中で、少し
立ち止まって、じっくりと思考したり、対話したりする時間が保障されるということが、
子どもたちにとっても先生たちにとっても意義深いことであることがわかります。そこ
では、一人ひとりの差異や一人の子どもの中にある多様性が大事にされながら、子ども
たちと世界の関係性や、子ども同士の関係性が丁寧に紡がれます。そのことが、子ども
たちの生と知を、より充実したものにしていく可能性を秘めているのではないかと思い
ます。

　これまで筆者が感じたり考えたりしたことの一端を述べてきました。皆さんはどのよ
うに感じたでしょうか。日本の園の文脈で、実際に小グループでの探究の時間や場を設
定するには、いくつもの工夫が必要かもしれません。しかし、こうした活動の重要性は
今後、一層高まっていくのではないでしょうか。
　社会の変化が加速する時代の中で、世界や他者とじっくりとかかわり、つながりをつ
くっていくことが、これまで以上に難しくなってきているように感じます。しかし、子
どもたちは、本来的につながりを希求する存在です。それが、人間が生きていくために
不可欠のことだからです。レッジョ・エミリア市の乳幼児教育を長年にわたり支えてき
たカルラ・リナルディ氏は、「子どもたちは生活の鼓動に耳をそばだて、それが綾なす色
と形にじっと見入っています。他者たちの声に、大人や仲間たちの声に耳を澄ませてい
ます。」と述べ、子どもたちは「『傾聴の時間』を生きる」「もっとも偉大な『聴き手』」
であると宣言しています（2019, p.107）。こうした子どもたちの資質を大事にしながら、私
たち大人もともに学び、世界や他者とともに生きるための想像力と創造性を豊かに支え
育んでいける実践を皆さんとともに考えていけたらと思います。

「私たち大人は、何よりもまず、子どもは権利を持つ者であるばかりでなく、子どもたち自身の文化を持つ者であり、より多くの文化を発展させる能力を持つ者であると確信する必要があります。そしてまた、子どもたちは、子どもたち自身の文化を打ち立て、私たちの文化を侵食することができると、確信する必要があります。」

（ローリス・マラグッツィ）

おわりに

　渋谷保育園のアトリエでの探究は、開始から三年目に入りました。今年度、子どもたちと先生たちは、従来の「光」に加えて、新たに「音」というテーマに取り組んでいます。5歳の子どもたちは、「耳をすます」ということから探究を始めました。子どもたちは、渋谷保育園を満たしているさまざまな音に気づき、自分たちの身体の音に気づきました。とくに関心を寄せたのは心臓の音です。そこで、聴診器を使いながら、お互いの身体、自分の身体に耳を傾けました。「ぼくの心臓は、ドンドンいっていて、怖い」「心臓は二つある」、さまざまな発見があります。そして・・・この先の物語は、改めてお伝えしたいと思います。

　多くの保育・幼児教育施設にとって、アトリエでの探究をはじめることは簡単ではありません。これまでの生活を変えなければ、探究の時間と空間を確保することができません。しかし、本当に難しいのは、アトリエでの探究を持続することです。探究を、一回限りのイベントではなく持続的な営みにするには、年間スケジュール、人の配置、予算といったさまざまな課題があります。一つの園では解決の困難な課題もあります。複数の園がネットワークして先生が学び合う必要がありますし、市区町村や都道府県が取り組みを支える必要があります。また国レベルで取り組むべき課題があり、研究者が負うべき責任があります。

　私たちが、課題に向き合いながら、それでもアトリエでの探究を育もうとしているのは、探究する子どもたちのあるときは思慮深く、あるときは弾むような姿に、また、その予期せぬやり方で新たな世界を見せてくれる表現に、深く魅了されているからです。それだけではありません。子どもたちと大人たちがともに世界を探究し、その意味を共同で構築するという学びのビジョンに、これからの教育の姿を見出しているからです。

　この本を手にとってくださったみなさんと一緒に、アトリエが拓く教育について考えてゆくことができればと思います。

浅井　幸子

執筆者一覧

浅井幸子　はじめに、第2章第2節、第3節、第4節、おわりに
東京大学大学院教育学研究科教授

津田純佳　序章、第1章、第2章第1節
アトリエリスタ（みりおら〜れ）、京都府幼児教育スペシャルアドバイザー

有間梨絵　第2章第5節、第3章第1節
東京大学大学院教育学研究科附属発達保育実践政策学センター特任研究員、
目白大学人間学部助教

若林陽子　第3章第2節（0歳、2歳）
東京大学大学院教育学研究科附属発達保育実践政策学センター特任研究員、
岩手県立大学社会福祉学部講師

影山奈々美　第3章第2節（3歳、4歳）
東京大学大学院教育学研究科附属発達保育実践政策学センター特任研究員、
東京大学大学院教育学研究科博士課程

相田紘孝　第3章第2節（1歳、5歳前半）
東京大学大学院教育学研究科附属発達保育実践政策学センター特任研究員、
関東学院大学教育学部講師

木村楓　第3章第2節（5歳後半）
東京大学大学院教育学研究科附属発達保育実践政策学センター学術支援専門員、
東京藝術大学音楽学部音楽環境創造科4年

カンチェーミ潤子　第4章第1節
JC Academy代表、横浜インターナショナルスクールアーリーラーニングセンター
前園長

マリーナ・カスタネッティ（Marina Castagnetti）　第4章第2節
レッジョ・エミリア市立乳幼児教育機関、レッジョ・チルドレン　教師養成者

清重めい　第4章第2節
東京大学大学院教育学研究科附属発達保育実践政策学センター特任助教

野澤祥子　第4章第3節
東京大学大学院教育学研究科附属発達保育実践政策学センター准教授

本書の第1章、第2章、第3章の内容は、渋谷区立渋谷保育園の実践と、先生方への
インタビューをもとに執筆しています。なお、プライバシー保護の観点から、子ども
の名前は仮名にしています。

アトリエからはじまる「探究」

日本におけるレッジョ・インスパイアの乳幼児教育

2023 年 12 月 20 日　発行

監修者　　東京大学大学院教育学研究科附属発達保育実践政策学センター

編著者　　浅井幸子・津田純佳・渋谷区立渋谷保育園

発行者　　荘村明彦

発行所　　中央法規出版株式会社
　　　　　〒 110-0016　東京都台東区台東 3-29-1　中央法規ビル
　　　　　Tel 03-6387-3196
　　　　　https://www.chuohoki.co.jp/

印刷・製本　　　株式会社ルナテック
装丁・本文デザイン　津田純佳